LÉGISLATION

DES

PORTIONS MÉNAGÈRES.

LÉGISLATION

DES

PORTIONS MÉNAGÈRES,

OU

PARTS DE MARAIS,

DANS LE NORD DE LA FRANCE,

PAR

PIERRE LEGRAND, avocat,

Doyen du Conseil de Préfecture du Nord,

Vice-Président de la Société des Sciences, de l'Agriculture et des Arts de Lille.

Lille,
IMPRIMERIE DE LELEUX.
1850.

J'ai été conduit à étudier plus à fond la législation des portions ménagères par la difficulté que j'ai éprouvée à l'appliquer, comme juge, au Conseil de Préfecture.

Cette législation, composée de documents dont souvent on ne trouve même pas les textes imprimés, modifiée par des Ordonnances, des Lettres ministérielles et des Arrêtés Préfectoraux, a, dans la pratique, été quelquefois interprétée par les autorités locales d'une façon plus conforme à l'intérêt personnel qu'à la stricte justice.

Il en est résulté une jurisprudence confuse, incertaine, que le Conseil de Préfecture n'est pas encore parvenu à fixer.

Il m'a semblé qu'au moment où l'on se préoccupait si vivement, et avec tant de raison, de l'agriculture et des classes pauvres, il était urgent d'appeler l'attention publique sur le mode plus ou moins vicieux d'attribution et de jouissance des portions ménagères.

C'est une grande et noble ressource que celle qui donne tout à la fois à la terre la richesse, au pauvre un travail qui l'honore en le faisant vivre.

Cette considération m'a déterminé à m'écarter un peu du plan tracé dans mon introduction aux Conférences sur le Droit Rural.

Je livre avec confiance au lecteur des improvisations essayées devant des auditeurs bienveillants; ce qu'il y a d'utile dans mon ouvrage obtiendra, je l'espère, indulgence pour ce qu'il y a d'incomplet.

TITRES. PAGES.

LÉGISLATION

DES

PORTIONS MÉNAGÈRES,

OU

PARTS DE MARAIS,

DANS LE NORD DE LA FRANCE,

Titre Premier.

HISTORIQUE.

On a de tout temps rangé dans deux catégories différentes les biens qui appartiennent aux communautés.

La première comprend les biens qu'on pourrait aussi appeler patrimoniaux ; ce sont les maisons, les terres et autres biens, dont les fruits seuls tournent au profit de la communauté.

La seconde comprend les *communaux,* proprement dits, dont les les habitants jouissent en commun ; ce sont les terres vaines et vagues, landes, garrigues, marais, etc.

Nous ne parlons pas des biens qui ont reçu une destination d'utilité publique, tels que les places, promenades, églises, marchés. Ces derniers, tant que dure le service auquel ils sont affectés, sont régis par des règles spéciales.

On trouve facilement l'origine des biens du domaine privé de la commune ; ils proviennent de legs, dons, fondations pieuses, acquisitions, etc.

La source de la propriété des communaux est plus obscure.

« Les terres communes, dit Basnage, ont eu apparemment » cette origine que, dans la division des terres qui fut faite par les » conquérants, on laissait à chaque bourg ou communauté un » certain fonds pour la commodité publique et pour la nourriture » du bétail. »

Je crois que Basnage fait ici trop d'honneur à la philanthropie et à la prévoyance des anciens conquérants. Ces espèces de terres ne sont très-vraisemblablement restées dans les mains des habitants communistes que par suite de la grande difficulté que les conquérants, pour leur conserver ce titre, éprouvaient à en tirer, dans leurs grandes nécessités de guerre, un profit immédiat.

Quoiqu'il en soit de la diversité de ces origines, il y eut aussi, en tout temps, une notable différence dans la manière de gérer ces deux espèces de biens.

Pendant que les biens privés des communes s'aliénaient sans trop de peine, on tenait pour certain qu'il n'était pas permis aux habitants de se partager les communaux ; qu'ils n'en étaient pas propriétaires, mais usufruitiers ; et que la jouissance en devait passer aux générations suivantes.

Voici comment le savant Henrion de Pensey s'exprimait, dans ses dissertations féodales, à propos des communaux :

« Les maires, syndics et échevins des communautés, les habi» tants eux-mêmes, ne sont que les administrateurs des biens

» communaux ; ils en doivent compte à ceux qui viendront après » eux ; ils doivent les conserver comme un dépôt sacré. Les futurs » habitants ont, en effet, une vocation directe dans le titre primi- » tif : ce n'est pas à tels ou tels que le bien commun appartient, » mais à la communauté, corps immortel, composé de ceux qui » n'existent pas encore, comme des habitants actuels. »

Supposons qu'au lieu de se borner aux terres vaines et vagues des communes, cette théorie de M. Henrion de Pensey s'étendît à tous les biens, ce serait littéralement le système de M. Proudhon. Tant il sera éternellement vrai de dire qu'il n'y a rien de nouveau sous le soleil.

Les mêmes idées se retrouvent en mars 1781, lors du partage des communaux. On avait voulu d'abord opérer un partage absolu; mais les États des ville et duché de Cambrai font ressortir l'injustice d'un semblable mode, « par lequel, disent-ils, les seuls habi- » tants présents auraient part, tandis que ceux à venir s'en trouve- » raient privés. »

L'opinion générale penchait donc pour faire considérer les communaux comme des biens substitués, inaliénables, qui, après une jouissance plus ou moins longue, devaient faire retour à la commune.

C'est ce qui explique pourquoi, en dépit des efforts tentés par l'autorité supérieure pour soustraire tant de richesses à la stérile administration des communes, nous voyons presque toujours revivre, dans les partages antérieurs à la révolution, la clause de retour à la communauté.

De tous les terrains sans rapport, les plus nombreux, dans notre pays, étaient les marais.

M. Elie de Beaumont nous montre, à l'époque tertiaire, tout le terrain de la Flandre caché sous les eaux d'une vaste mer méditerranée.

Les terrains soulevés par les révolutions du globe ont laissé, pendant des siècles, d'importantes parties submergées ; et ce qui reste encore aujourd'hui, après tant de travaux entrepris par la patiente industrie de nos concitoyens, vient déposer du long séjour des eaux.

Et notre ville de Lille, soit par son nom flamand *Ryssel*, qui veut dire jonc, roseau, soit par son nom latin *insulæ*, qui fait supposer, autour du terrain raffermi, des fossés de coupure qui auraient reçu les eaux du marais, vient témoigner aussi de la nature primitive du sol sur lequel s'étale aujourd'hui la plus luxuriante végétation.

Mais il s'était écoulé bien du temps avant qu'on songeât, par des desséchements intelligents, à livrer ces vastes marais à l'agriculture. Quoi de plus mal administré que les biens possédés en commun ! Il fallut, pour stimuler l'apathie des propriétaires communistes, l'exemple des ressources puissantes que les partages avaient procurées dans certaines localités.

En 1741, le 13 juin, les villages d'Annœulin, Allennes, Carnin, Provin, Bauvin, Sainghin, divisèrent, par paroisse, leurs marais communs ; c'était un grand pas de fait vers le partage individuel.

Gondecourt, Willems, Annappes, Ascq et Forest imitèrent leurs voisins. Par Arrêtés des 15 juin et 10 septembre 1774, ces communes furent autorisées, après s'être concertées entr'elles, à faire le partage de leurs marais, de façon à ce que chacun des membres de la communauté pût y trouver un avantage particulier et indépendant du bien général qui résulte toujours d'une amélioration apportée au sol.

Le mouvement était donné dans toute la France. Les généralités d'Auch et de Pau, en 1750, les trois Évêchés, en 1762, le duché de Bourgogne, les Comtés de Mâconnais, d'Auxerrois et de Bar-sur-Seine, en 1774, sollicitent et obtiennent le partage de leurs communaux.

C'est sans doute à l'organisation politique et administrative de la France que l'on doit attribuer ces tâtonnements dans une voie où, dès 1730, l'Angleterre était spontanément entrée par un bill du

Parlement qui ordonne le partage des communaux à titre incommutable.

En 1777, les grands baillis des quatre seigneurs haut-justiciers, représentant les États de la Flandre Wallonne, adressèrent au Roi, en son Conseil, une requête, en exprimant le regret que plus le gouvernement fixe son attention sur l'objet essentiel des défrichements et de la culture des terres, plus il semble que les particuliers habitant la Flandre Wallonne affectent de laisser en friche, ou même de dégrader par le tourbage cette portion précieuse de marais possédés par un grand nombre de communautés faisant partie des trois châtellenies de Lille, Douai et Orchies, et tendant, ladite requête, à ce qu'il plût à S. M. ordonner qu'il serait procédé aux partages et défrichement des marais, landes et friches appartenant aux communautés des trois châtellenies ci-dessus, soit à plusieurs d'entr'elles en commun, soit à chacune d'elles, de même en commun; et qu'ils seront partagés entre tous les ménages existants, par feux, sans distinction d'état, c'est-à-dire de mariage, de viduité et de célibat, et par portions égales.

Le Roi, en son Conseil, fit droit à cette requête, et rendit un Arrêt conforme, le 27 mars 1777, lu et enregistré, avec les Lettres-patentes au Parlement de Flandres, le 14 novembre de la même année.

C'est cet Arrêt du Conseil d'État qui forme aujourd'hui la base de la législation des portions de marais de presque toutes les communes de l'arrondissement de Lille.

Ces partages de marais, qui devaient être un bienfait pour le pays, rencontrèrent de vives oppositions, surtout de la part des *notables*. Il est probable que les plus riches fermiers voyaient avec peine leur échapper les vastes pâturages jusque là à la disposition de leurs troupeaux.

Divers moyens furent mis en avant à l'appui des oppositions.

A Lallaing, contrairement à la majorité des habitants qui réclamaient le défrichement et le partage à perpétuité des portions de marais, les notables demandaient qu'on les affermât au profit de la communauté.

A Flines, en 1786, on invoqua l'existence de baux qui ne devaient expirer qu'en 1794.

La même opposition se fit remarquer à Sars-Rosières, et à Sin-le-Noble. Il fallut, pour contraindre cette dernière commune à s'exécuter, une ordonnance spéciale du Roi du 5 juin 1787.

Partout où l'intérêt général n'est pas entravé par l'égoïsme des intérêts particuliers, nous voyons s'élever des demandes de partage de communaux.

L'Artois, où, jusques-là, de rares autorisations avaient été partiellement accordées à des communautés qui en faisaient abus, sollicita, par l'organe de ses États, dans un but d'assainissement, et en même temps pour améliorer l'agriculture, un partage plus complet et plus régulier des communaux; et le 25 février 1779, intervint un Arrêt favorable du Conseil d'État.

On remarque entre les principes des deux législations de la Flandre et de l'Artois, sur la même matière, une différence bien importante.

Sous l'empire des Lettres-patentes de 1777, la portion de marais est donnée au feu, ou au ménage; elle n'est possédée qu'en usufruit; à la mort du survivant des époux, elle fait retour à la communauté; si l'article 10 se sert du mot — succéder, — il ne faut pas l'interpréter dans son sens légal.

Par l'Arrêt de 1779, au contraire, la règle de l'hérédité est bien posée. A la mort du portionnaire, sa part passe — *jure hæreditario*, — à l'aîné des *mâles*, ou, à son défaut, à l'aînée des *femelles* (sic), jusqu'à extinction de progéniture directe.

Peut-être serait-il curieux de rechercher dans l'histoire du mouvement des esprits, à cette époque, la cause de cette grande différence entre les législations de deux pays voisins; mais j'arrête plus volontiers l'attention sur une singulière omission de Merlin, à propos de ce même arrêt du 25 février 1779.

Notre illustre compatriote, si compétent sur ces matières et par sa haute science et par ses connaissances locales, après avoir énuméré, dans son répertoire, au mot — MARAIS —, tous les Arrêts du Conseil du Roi qui autorisent les partages des communaux dans les Provinces de la France, cite bien, pour la Flandre, les Lettres-patentes de 1777, mais il donne, pour l'Artois, le texte de Lettres-patentes du 13 novembre 1779, enregistrées le 25 novembre au greffe du Parlement de Paris.

Or, ce document, dont nous avons le texte imprimé sous les yeux, est tout autre que l'Arrêt du Conseil qui porte la date du 25 février 1779, et qui, appliqué sans opposition depuis sa promulgation, a reçu la consécration d'un Arrêté des Consuls du 9 fructidor an X.

Il est conçu en trois articles qui *maintiennent le principe de la jouissance viagère* pour tous les chefs de famille de chaque lieu, mariés et célibataires, sous laquelle dénomination de chef de famille, *le curé de la paroisse sera compris*, distraction faite du tiers au profit du seigneur, soit ecclésiastique, soit laïc, même des gens de main-morte, *ayant fief et seigneurie.*

Il est vrai que Merlin ajoute que ces dernières Lettres-patentes ne sont pas encore exécutées dans l'Artois, par suite de l'opposition qui a été formée par plusieurs communautés. Nous avons été curieux de rechercher les motifs de cette opposition, et les différents mémoires publiés, au nom des États d'Artois, et au nom du Conseil Provincial, nous ont appris qu'ils procédaient des dispositions relatives au tiers attribué au profit des gens de main-morte, et à la part du curé.

C'était, on en conviendra, au moins pour ce dernier grief, une opposition qui pouvait être très *philosophique* dans le sens que l'époque donnait à cette qualification, mais qui, au fond, était peu raisonnable; en effet, pour emprunter le style vrai et naïf du défenseur des Lettres-patentes, le curé n'est-il pas un habitant *nécessaire* de la commune ? Et d'ailleurs pouvait-on, sans injustice, le priver, par un partage, du droit incontestable qu'il avait sur les communaux indivis ? (1).

Quoiqu'il en soit, la révolution paraît avoir emporté le procès et les Lettres-patentes qui l'avaient amené, et l'Arrêt du 25 février 1779, dont nous avons signalé l'absence au répertoire, n'a pas cessé de constituer la législation des communaux de l'ancienne Province d'Artois.

Les choses étaient en cet état quand éclata la révolution de 1789. Aucune mesure ne paraît avoir été prise d'abord, ni en ce qui concernait les biens des communes, en général, ni en ce qui regardait les terres vaines et vagues et les marais, en particulier.

Le décrêt du 14 août 1792, relatif au partage des biens communaux, fut la première disposition législative rendue à cet égard; il se contenta de consacrer le principe qui devait être mis à exécution par le décret du 10 juin 1793.

Ce dernier décret, qui étendait à toute la France le partage des communaux, pratiqué jusque-là dans quelques provinces seulement, s'organisa par *tête*, mode plus démocratique, et assura aux copartageants la propriété incommutable du lot obtenu. Il n'en pouvait être autrement à l'époque contemporaine de la législation qui supprimait les substitutions. Quant aux détenteurs suivant les anciens modes de partage, il les menaçait dans leur jouissance.

La loi de 1793 excepta deux natures de biens : ceux affectés à un

---

(1) Cette question du curé, considéré comme *habitant nécessaire*, s'était déjà présentée à l'occasion de Jacques-Ignace Vandeville, prêtre chapelain de la paroisse de Verlaing, en la subdélégation de Douai, qui réclamait une portion ménagère vacante dans la commune et que les Échevins voulaient écarter, en lui opposant les dispositions de l'art. 10 des Lettres-patentes de 1777 qui exigent que, pour succéder aux parts de marais, on soit natif de la commune, ou qu'on ait épousé une fille ou veuve qui en fut native.

Un Arrêt du Conseil du Roi du 13 mai 1784 fit justice de cette étrange prétention des Échevins. (Voir cet Arrêt au titre IV, consacré aux textes).

service ou usage public, et les bois communaux. Au reste, le partage était facultatif; il fallait, pour l'obtenir, une délibération favorable de la majorité des habitants qui y avaient droit.

Il était dans l'esprit du temps de pousser à ces partages, soit pour attacher le paysan aux nouvelles institutions par les avantages qu'il en retirait, soit pour affaiblir, au profit de la centralisation, les ressources des communes et les tenir plus étroitement dans la dépendance de l'État. Néanmoins, de grandes difficultés d'exécution avaient entravé les intentions du gouvernement, et permis à la réaction, qui ne tarda pas à s'opérer, de s'élever contre les tendances de la législation de 1793, que l'on qualifia de législation anarchiste, barbare, que l'on accusa même d'être destructive de l'agriculture qu'elle avait la prétention d'encourager, en ce qu'elle mettait des terres incultes à la disposition de gens qui n'avaient ni bestiaux ni instruments pour les défricher.

Le 21 prairial, an IV, une loi porta qu'il serait *provisoirement* sursis aux actions et poursuites résultant de l'exécution de la loi du 10 juin 1793. Cette loi de l'an IV maintenait aussi *provisoirement* dans leur jouissance les possesseurs des terrains partagés.

La loi du 2 prairial an V déclara qu'il ne serait plus fait aucune vente des biens des communes; les esprits, on le voit, tendaient vers l'abrogation complète de la loi de 1793, que le représentant Bergier considérait comme un essai de loi agraire, quand un partisan du système des partages, M. Delpierre, ébranla de nouveau les opinions dans son rapport lu au Conseil des Cinq-Cents, en reproduisant toutes les raisons qui militaient en faveur de la loi de 1793.

Nous citerons quelques extraits de son rapport, indiqués dans l'excellent ouvrage de M. E. Cauchy, sur la propriété communale.

« La propriété, disait Delpierre, est le lien qui unit les citoyens » entr'eux, et les attache à la patrie; multipliez les routes qui y » conduisent, et bientôt elle suppléera le code pénal et les bourreaux; » faites refluer aux champs les êtres flétris par la misère, la pos-

» session de la plus chétive chaumière les rendra plus heureux que » le séjour du plus magnifique hôpital; une seule charrue prévient » plus de délits qu'un escadron de gendarmerie......... »

Et plus loin, passant à un autre ordre d'idées, il s'écrie : » La France est une république, la république est une et indi- » visible ; or, convient-il à cette république, qui se présente sous » l'image d'un faisceau de toutes les volontés et de tous les inté- » rêts réunis, qu'il y ait dans son enclave des corporations dotées, » qui, s'interposant entre l'État et ses membres, ne sont propres » qu'à diviser la grande association en autant de petits gouver- » nements secondaires, qu'il y a de villages et de hameaux, à » alimenter l'esprit fractionnaire et municipal que la constitution a » voulu détruire, à compliquer la pensée, et à gêner la marche » des administrations publiques. »

Le rapport concluait à ce que le partage, de facultatif qu'il était, d'après la loi de 1793, devint forcé; à ce qu'il fut opéré, non par tête, mais par ménage ou famille, pour éviter le morcellement.

L'assemblée vota le principe du partage facultatif pour ce qui restait de biens communaux, mais aucune disposition législative n'intervint, et la loi de 1793 resta ce qu'elle était, avec les restrictions que lui avaient apportées les lois du 21 prairial an IV, et du 2 prairial an V.

Au surplus, les biens qui, grâce aux accidents de toute espèce que nous avons énumérés, échappèrent aux partages, ne demeurèrent pas long-temps dans les mains des communes.

La loi des finances du 20 mars 1813 ordonna que les biens ruraux, maisons et usines possédés par les communes, seraient cédés à la caisse d'amortissement, moyennant une indemnité consistant en inscriptions de rentes cinq pour cent, calculées sur le revenu des biens cédés.

La loi du 23 septembre 1814 contient la même prescription, qui accusait moins les tendances décentralisatrices de l'État que l'extrême besoin d'argent qui le pressait.

Aussi, quand, en 1816, il s'établit un peu d'ordre dans les finances, la loi du 28 avril rapporta ces deux dernières lois et l'on remit les biens communaux non vendus ni partagés à la disposition des communes qui les régissent encore aujourd'hui, suivant les dispositions de la loi du 18 juillet 1837.

Comment ces biens sont-ils gérés ? Nous trouvons la réponse à cette question dans une circulaire du Ministre des travaux publics, en date du 6 août 1836.

« Le gouvernement, disait M. Passy, a employé tous les » moyens pour amener les administrations municipales à mettre » leurs communaux en culture, il a multiplié les instructions et les » circulaires; ses tentatives ont échoué contre l'ignorance et l'esprit » de routine, et aussi, il faut le dire, dans le sein des conseils mu- » nicipaux, contre des intérêts nombreux et puissants.

La loi du 18 juillet 1837, en donnant une initiative trop complète aux conseils municipaux, en matière de jouissance des biens communaux, a laissé le pouvoir central sans action devant les désastres qui naissent de l'apathie et de l'égoïsme. Ces résultats de la mauvaise administration des corps municipaux, on peut les traduire par des chiffres relevés dans une statistique récente que nous indique M. Cauchy.

La masse générale des contenances imposables étant de 49,863, 609 hectares, les terres incultes sont comprises dans cette masse pour 7,799,672 hectares, c'est-à-dire, pour un peu moins du sixième.

Quant à ce qui concerne les propriétés communales, l'étendue de ces propriétés étant de 4,718,656 hectares 05 centiares, les terres incultes y figurent pour 2,792,803 hectares 06 centiares, c'est-à-dire pour près des six dixièmes.

Quant au rapport des terres labourables à la masse totale des propriétés, soit dans le domaine général, soit dans le domaine communal en particulier, la différence est encore plus grande au désavantage des communes.

La contenance des terres labourables dans la France entière est de 25,559,151 hectares.

La contenance totale des propriétés imposables étant de 49,863, 609, les terres labourables sont à la masse totale des propriétés dans le rapport d'environ 1 à 2 ; au contraire, la masse totale des propriétés communales étant de 4,718,656 hectares 05 centiares, les terres labourables ne sont portées que pour une contenance de 149,076,96, c'est-à-dire que les terres cultivées ne seraient à la masse des propriétés communales de toute nature que dans le rapport d'environ 1 à 31.

En présence d'un pareil résultat qui accuse une si mauvaise gestion, il y a lieu peut-être de s'étonner que l'on veuille aujourd'hui accorder aux corps municipaux une liberté plus grande dans l'administration de leurs biens.

Même en écartant les considérations politiques éloquemment présentées par le représentant Delpierre, et qui militent si puissamment en faveur de la centralisation, dans un intérêt général, il serait de l'intérêt particulier des communes de voir repousser cette émancipation tant prônée, qui les conduirait à une ruine complète.

Les communes, telles que nos révolutions les ont faites, sont trop souvent de grands enfants à petites passions : elles ont besoin d'une forte tutelle.

L'esprit municipal, favorisé avec raison par les Rois contre l'abus de la féodalité, a été un progrès; trop développé, il serait un contre-sens dans notre organisation politique, et il ne tarderait pas à devenir une entrave à la marche du gouvernement.

Nous espérons que les Conseils généraux, dans les études spéciales qu'ils sont appelés à faire, se convaincront de ces vérités et que les éléments qu'ils fourniront à l'administration supérieure sur les besoins réels du pays, permettront au Ministre de présenter en toute sûreté à l'Assemblée Nationale une loi qui, avec l'intérêt bien entendu des communes, sauvegardera l'unité de la France et la dignité du pouvoir central.

Nous sommes un peu loin des partages opérés d'après les Lettres-patentes de 1777 et que nous avons laissés sous le coup de l'article 15, section 12 du décret du 10 juin 1793, lequel regardait comme nul et sans effet tout acte ou usage qui fixerait une manière de procéder au partage des biens communaux contraire audit décret.

La loi du 9 ventôse an XII et le décret du 9 brumaire an XIII avaient bien rassuré les co-partageants des biens communaux d'après le décret de 1793, et les communautés qui, sans profiter du bénéfice de ce dernier décret, avaient conservé, après sa publication, leur ancien mode de jouissance; mais il régnait encore beaucoup d'incertitude sur la validité des partages antérieurs à 1793.

Un décret du 4.e jour complémentaire de l'an XIII, additionnel à celui du 9 ventôse an XII, vint dissiper toutes les craintes en déclarant explicitement que les dispositions de la loi précitée s'appliquaient à tous les partages de biens communaux, effectués avaït la loi du 10 juin 1793, en vertu d'Arrêts du Conseil, d'ordonnances des États, et autres actes émanés des autorités compétentes, conformément aux usages établis.

Déjà, comme nous avons eu l'occasion de le faire remarquer, un Arrêté des Consuls, en date du 9 fructidor an X, avait, par confirmation d'un Arrêté du Préfet du Pas-de-Calais, sanctionné l'existence de l'Arrêt du 25 février 1779 concernant le partage des biens communaux dans les communautés de la ci-devant Province d'Artois.

Tant qu'il s'est agi du droit personnel du détenteur primitif, aucune difficulté grave ne s'est présentée. La question n'a commencé à devenir sérieuse qu'à la mort d'un portionnaire. Fallait-il attribuer le lot vacant d'après les lois anciennes? Fallait-il au contraire suivre la législation nouvelle? L'abolition des privilèges, la règle de l'égalité des partages rendaient, jusqu'à un certain point, inapplicables les législations qui favorisaient l'habitant natif de la commune, au détriment du plus ancien domicilié, et qui laissaient l'héritage entier à l'aîné de la famille.

Le Ministre, consulté par le préfet du Nord, déclara que les partages faits pendant que les Arrêts de 1777 et de 1779 étaient en vigueur doivent être maintenus, mais qu'il faut chercher à harmoniser, avec les lois actuelles, les changements de jouissance que le temps peut amener.

Un premier Arrêté est rendu en conséquence, le 20 juillet 1813; il abroge la condition exigée jusque-là d'être natif de la commune, et autorise l'attribution du lot vacant au plus ancien domicilié, à feu et ménage particuliers, et payant contribution dans la commune.

Après la question des *natifs*, d'autres difficultés non moins graves concernant l'hérédité des portions, la qualité de français, l'obligation de la contribution ne tardèrent pas à embarrasser de nouveau l'autorité chargée de concilier des intérêts nés de principes si opposés.

On consulta les conseils municipaux des communes intéressées, pour connaître les changements dont les réglements actuels de partages étaient susceptibles. Trente-deux communes envoyèrent leurs délibérations. Ces communes étaient :

POUR L'ARRONDISSEMENT DE LILLE :

Allennes-lez-Marais,
Annappes,
Annœullin,
Anstaing,
Ascq,
Baisieux,
Bauvin,
Bouvines,
Camphin-en-Carembault,
Chéreng,
Ennevelin,
Flers,
Forest,
Fretin,
Gondecourt,
Gruson,
Herrin,
Houplin,
Louvil,
Péronne,
Provin,
Sainghin-en-Mélantois.
Salomé,
Tressin,
Wavrin,
Willems.

POUR L'ARRONDISSEMENT DE DOUAI :

Anhiers,	Roost-Warendin,
Lallaing,	Waziers,
Raches,	Vred.

Conformément aux propositions de ces communes, le Préfet rendit le 12 mars 1830 un Arrêté qui modifia sur quelques points l'Arrêté de 1813. Ainsi il supprima la contribution, contre laquelle ces communes s'étaient élevées avec force, et il décréta une nouvelle condition : celle d'être Français ou naturalisé.

On remarquera que ce dernier Arrêté est muet sur la législation de 1779 qui cependant régit quelques communes de l'arrondissement de Douai.

Deux Arrêtés spéciaux des 11 mars 1831 et 20 février 1832 sont venus appliquer en partie cette même législation dans l'arrondissement de Lille aux communes d'Ennevelin et d'Allennes-lez-Marais.

Les litiges portés au Conseil de Préfecture prouvent que dans beaucoup d'autres communes cette législation est aussi en vigueur, soit qu'elle ait régi primitivement ces mêmes localités qui, avant la révolution, faisaient partie de l'Artois, soit qu'elle ait été introduite par l'intérêt privé et consacrée par l'erreur commune. Il existe à cet égard un mélange malheureux des principes des deux législations, et les avis divergents des conseils municipaux ont jeté beaucoup d'incertitude dans la jurisprudence. Il y-a donc quelque chose à faire, tant en ce qui concerne les biens communaux non partagés, qu'en ce qui touche ceux qui se trouvent aujourd'hui dans les mains des anciens habitants, en vertu des Arrêts du Conseil de 1777 et 1779, à titre d'usufruit ou de propriété grevée de restitution, et en vertu d'autres réglements de partage rendus conformément au décret de 1793.

Disons-le cependant tout de suite : si l'on signale des inconvénients à l'égard des biens qui ont été partagés, ces inconvénients n'ont trait qu'au mode de transmission ou de jouissance, ils sont tout personnels; ils n'affectent pas le fond des choses. L'agriculture a retiré une valeur immense des travaux des portionnaires, et le sol qu'un changement dans la législation ou une transaction équitable leur ferait rendre aux communes, y retournerait riche des améliorations d'une ingénieuse et patiente culture.

L'arrondissement de Lille, seul, a mis en valeur plus de 1700 hectares de portions de marais (1); il n'en est pas de même des communaux laissés à la libre disposition des corps municipaux. Que ces communaux restent ce qu'ils sont, ou qu'ils s'accroissent par le retour irrévocable des portions ménagères, il faut dans l'intérêt de la richesse publique et dans celui des ressources communales, qu'une sage gestion en tire tout le parti possible.

L'amodiation a paru jusqu'ici la combinaison la plus convenable. Seulement, dans la pratique, ce mode d'utiliser les communaux sera toujours entravé par l'incurie de certains maires, par l'esprit d'opposition, par le mauvais vouloir d'habitants influents, peu désireux de perdre les avantages dont eux seuls profitent.

Il faut, pour vaincre ces résistances intéressées, l'intervention du pouvoir central. Nous croyons que le projet de décret présenté à l'Assemblée Nationale le 28 août 1848, concilie, dans une juste mesure, les droits de la propriété communale et l'utilité publique.

Notre vœu est qu'il devienne bientôt loi de l'État.

---

(1) 1,710 hectares 64 ares 44 centiares.

Titre Deuxième.

LÉGISLATION DU 27 MARS 1777.

Nous avons succinctement retracé l'historique de la législation des biens communaux en général, et des portions ménagères en particulier; nous allons examiner en détail les législations différentes qui régissent cette dernière espèce de biens.

Nous commencerons par l'Arrêt du Conseil d'État du Roi du 27 mars 1777, qui s'applique spécialement aux communes du département du Nord, qui faisaient autrefois partie des châtellenies de Lille, Douai et Orchies.

Notre travail sera divisé en quatre parties :

La première comprendra l'énumération des conditions nécessaires pour être admis à la jouissance des portions ménagères;

La deuxième indiquera le caractère du droit du portionnaire, le mode et l'étendue de sa jouissance;

La troisième traitera des formalités relatives à l'inscription des aspirants aux portions.

La quatrième concernera la compétence des juridictions chargées de prononcer sur les réclamations, et de juger les questions qui s'y rattachent;

CHAPITRE PREMIER.

CONDITIONS NÉCESSAIRES POUR ÊTRE ADMIS A LA JOUISSANCE DES PORTIONS MÉNAGÈRES.

L'article 6 de l'Arrêt du Conseil précité avait, lors du partage primitif, subordonné le droit d'y participer à la seule condition que l'on demeurerait actuellement dans la commune soit comme marié ou veuf, garçon ou fille, et que l'on posséderait ménage ou feu particulier.

Domicile.

Il ne faut pas étendre à la condition de demeure, imposée par cet article, toutes les dispositions du code civil sur le domicile.

Notre code reconnaît un domicile, lieu du principal établissement d'un individu, il reconnait aussi la simple résidence, le domicile élu et le domicile politique.

Il y a, pour l'appréciation de ces différents domiciles, des règles de droit inapplicables à la matière qui nous occupe.

La législation de 1777 n'exige qu'une résidence de fait, mais elle l'exige complète, sans obscurité possible, sans subtilité, sans équivoque.

Rien de plus facile à démontrer qu'une résidence de ce genre ; et si, d'ailleurs, il pouvait exister quelque doute à cet égard, il s'évanouirait bientôt devant l'autre obligation concomitante réclamée aussi par la même législation, celle du ménage ou feu particulier dont nous aurons à nous entretenir tout-à-l'heure.

C'est surtout lorsqu'il s'agit de la jouissance d'une partie du terrain de la communauté qu'il est juste de demander, en retour, une participation aux charges communales, participation qui ne peut exister que par la vérité, la réalité de l'habitation; mais aussi il faut être large dans l'attribution des parts de marais à ceux qui supportent une grande portion de ces mêmes charges.

On a demandé si un fonctionnaire révocable, notamment un Douanier, pouvait être inscrit sur le registre des aspirants. La raison de décider la négative se tirait du caractère temporaire des fonctions exercées. En principe rigoureux, le fonctionnaire conserve le domicile qu'il avait avant sa nomination; mais lorsqu'on veut bien se reporter à l'esprit des Lettres-patentes, qui ont en vue moins le domicile de droit que la résidence de fait, on met de côté les principes généraux, pour prononcer d'après les circonstances de l'espèce; et le Douanier qui, depuis plusieurs années, entretient un ménage ou un feu particulier dans la commune, a le droit d'être admis au nombre des postulants aux parts des marais.

Le Conseil de Préfecture a jugé tout récemment en ce sens dans l'affaire du Douanier Piot, que le conseil municipal de Baisieux avait refusé d'inscrire au registre des aspirants.

Certains portionnaires sont très ingénieux à se forger des semblants de résidence, pour se ménager tout-à-la-fois le bénéfice réservé aux seuls habitants de la commune, et les profits d'une industrie exercée au-dehors.

Nous citerons: les filles qui vont s'établir comme servantes dans les villes voisines; les ouvriers qui travaillent dans d'autres localités; les parents qui, après avoir partagé, suivant l'usage du pays, leur petite fortune entre leurs enfants, disséminés dans différents cantons, portent successivement leurs pénates chez les uns et les autres, au gré de leur caprice ou de leurs besoins. Tous ont le soin de conserver un simulacre d'habitation qu'ils garnissent d'un fantôme de mobilier, destiné à donner le change sur leur véritable résidence.

Mais tous ces anciens habitants, sortis de la commune, ont, la plupart du temps, compté sans la vigilance des aspirants, aussi habiles à déjouer les fraudes que les premiers ont été adroits à les imaginer ; et, soit qu'il s'agisse d'une portion à obtenir, soit qu'il s'agisse d'une portion à faire retirer, l'intérêt personnel a bientôt signalé les faits, et le Conseil de Préfecture rend bonne justice.

On a vu des condamnés aux travaux forcés oser se présenter, après l'expiration de leur peine, pour réclamer la portion dont ils avaient, disaient-ils, été injustement privés, en prétendant que, chez eux, le défaut d'habitation dans la commune n'avait pas été volontaire.

En revanche, des aspirants ont protesté contre le droit à la portion, conservé au profit d'un jeune soldat, éloigné de sa commune pour le service du pays.

Une jurisprudence constante a maintenu au citoyen sous les drapeaux le droit qu'il aurait sauvegardé lui-même s'il fût resté dans sa commune. Si c'est là une fiction, elle est essentiellement morale. La loi de 1793 l'a d'ailleurs consacrée dans son article 9, où elle met sous la surveillance des corps municipaux l'entretien des portions qui écherront aux citoyens qui se sont voués à la défense de la République :

Ainsi jugé le 12 avril 1842 pour le sieur Baisieux, de la commune de Vred, et le 8 novembre 1844, pour le sieur Duchamp, de Lauwin-Planque, chef de bataillon, commandant la place de Philippeville en Algérie.

Il va sans dire que cette exception au principe n'a pas lieu au bénéfice du remplaçant qui fait un objet d'industrie du service militaire. C'est volontairement, et en connaissance de cause que ce dernier quitte la communauté.

Ménage ou Feu Particulier.

La seconde condition imposée par les Lettres-patentes de 1777, c'est la condition, de la part de l'habitant, d'avoir un ménage *ou* un feu particulier.

Nous soulignons la disjonctive *ou* pour mieux faire comprendre que ces expressions comprennent deux choses bien distinctes.

L'article 6 prévoit en effet deux natures de droit : le droit du ménage, c'est-à-dire de l'association conjugale du mari et de la femme ; et le droit du feu particulier, c'est-à-dire du veuf ou du célibataire, garçon ou fille, entretenant un foyer spécial.

Ce qui prouve que c'est bien ainsi que le législateur définit le ménage, c'est que, dans l'article 6, lorsqu'il parle des lots tirés au sort, par chaque ménage, il ajoute : *pour en jouir jusqu'au décès du dernier vivant du mari ou de la femme*. Après le ménage, il s'occupe de l'individu, et nulle part il ne suppose qu'une communauté ou association, qui ne sera pas la communauté ou l'association conjugale, pourra, sous le nom de *ménage*, jouir collectivement d'une portion.

Une locution vicieuse, appliquant le mot *ménage* en dehors de son acception conjugale, nous paraît avoir introduit, d'abord dans le langage vulgaire, ensuite dans la langue du droit, une confusion qui des mots n'a pas tardé à passer dans les choses.

Ce que les Lettres-patentes distinguaient si bien, *ménage* pour l'homme et la femme, *feu particulier* pour le veuf ou le célibataire, on s'est habitué à le confondre sous la qualification commune *de feu et ménage particuliers*. Les Arrêtés préfectoraux des 20 juillet 1813 et 12 mars 1830 emploient ces expressions ; et, du moment qu'on a pu distraire le mot ménage de son véritable sens, on est arrivé tout naturellement à l'employer pour le mot famille.

C'est ce que nous allons voir, en parcourant l'Arrêté du Préfet du 20 juillet 1813, surtout aux articles 1 et 15.

Art. 1.er— « Les portions dites ménagères dont seraient pour- » vus les habitants de ce département, en vertu des Lettres- » patentes de 1777, devront, à l'avenir, lorsqu'elles deviendront va- » cantes, être conférées à ceux de ses habitants qui justifieront être » les plus anciens domiciliés *à feu et ménage particuliers*, et » payant contribution dans la commune, sans distinction de natifs » ou non natifs. »

Art. 15.— « Toutes les fois qu'une portion sera accordée à un « *ménage* composé de plusieurs enfants, ceux de ces derniers » qui se sépareront de la communauté n'auront plus aucun droit » à cette portion ; mais ils seront fondés à se ranger au nombre » des prétendants à d'autres portions, s'ils offrent les conditions » exigées par le présent arrêté. »

On remarque ces expressions : « *feu et ménage particuliers* » qui remplacent les mots « *ménage, ou feu particulier* » des Lettres-patentes ; on remarque aussi cette qualification de *ménage* donnée à la réunion de plusieurs enfants.

Ainsi, par cette disposition, le Préfet procure à une famille le bénéfice que les Lettres-patentes de 1777 n'accordent qu'à un ménage, c'est-à-dire à l'association légale de l'homme et de la femme ; il qualifie communauté la société de fait que forment plusieurs frères et sœurs, il conserve enfin au dernier de ces enfants, qui reste dans la maison, la jouissance de la portion que la législation spéciale n'accorde qu'au survivant des époux ; et cela, parce qu'il s'écarte du sens que cette législation donne au mot ménage, sens qui le restreignait à la communauté conjugale.

Cette interprêtation préfectorale est la source de nombreuses difficultés.

Nous avons dit que la condition du ménage ou feu particulier est exigée concurremment avec celle du domicile.

Voici comment le Conseil de Préfecture a, dans un Arrêté en date du 12 juin 1844, défini cette condition du ménage :

« Considérant que, d'après les termes de l'art. 6 des Lettres-» patentes de 1777, la condition exigée pour obtenir une portion de » marais consiste à avoir un feu ou un ménage particulier, c'est-à-» dire un local distinct de tout autre et muni des ustensiles qui ser-» vent le plus communément aux usages de la vie ordinaire des » habitants de la campagne.... »

Cette définition du *feu* exigé par les Lettres-patentes, a besoin d'être bien connue. Il existe au sujet de cette condition des préjugés singuliers ; beaucoup de détenteurs, et j'oserai même le dire, quelques conseils municipaux ont pris tellement à la lettre le mot —*feu*— qu'ils se sont imaginés qu'il suffisait à un possesseur de portion, menacé dans sa jouissance, parce qu'il ne remplissait pas les conditions de la loi, de faire construire une cheminée dans un local, non habité par lui du reste, pour se mettre en règle.

On peut, à l'aide de la fiction légale, équivoquer sur le domicile, on ne peut guère, malgré la complaisance des parents ou amis, tromper l'autorité sur la question de ménage ou de feu particulier.

Au besoin, des enquêtes ordonnées par le Conseil de Préfecture, et tenues par les Juges-de-paix, viennent établir la vérité des faits.

Plusieurs exceptions ont été apportées à cette règle du ménage ou feu particulier, dans des circonstances qui les justifient pleinement.

En juin 1844, on a conservé la portion à une idiote qui, ne pouvant gérer seule un ménage, avait été recueillie par un habitant qui la nourrissait et entretenait.

En août 1845, on a également maintenu au registre l'instituteur de la commune de Provin, réellement domicilié dans la commune, mais dont on contestait l'aptitude à se porter aspirant, parce que, à défaut de logement en nature, il ne recevait du conseil municipal qu'une indemnité à l'aide de laquelle il payait sa pension chez un tiers.

Voici l'arrêté :

« Le Conseil de Préfecture, considérant que le pétitionnaire, en » sa qualité d'instituteur communal de Provin, avait droit à un » logement particulier, et que s'il n'a reçu, en remplacement, qu'une » indemnité annuelle, cette circonstance indépendante de sa vo- » lonté ne peut lui ôter le droit que lui eût conféré le logement en » nature ; Arrête que le sieur Delfosse sera inscrit au registre des » aspirants aux portions des marais de la commune de Provin, » à la date de son installation comme instituteur communal. »

Au moment du partage le législateur n'exigeait que deux conditions :

Domicile actuel ; ménage ou feu particulier.

C'était une conséquence naturelle de la position des habitants qui jouissaient alors *en commun* des biens qui allaient être divisés ; le nouveau mode de jouissance ne pouvait, sans injustice, les soumettre à d'autres conditions qui eussent pu exclure quelques-uns d'entr'eux du bénéfice du partage ; mais, en même temps, le législateur prévoyait que l'accroissement de la population devait amener, à une époque plus ou moins reculée, des feux en nombre supérieur à celui des portions rendues vacantes par le décès des titulaires, et comme, dans ce cas, disposant pour l'avenir, il était libre d'établir des conditions plus en harmonie avec la nature des choses, il voulut que, *dorénavant*, pour succéder aux portions ménagères, on fût *natif* de la communauté, ou qu'on eût épousé une fille où veuve qui en fût native et qu'on y demeurât avec elle.

Il y avait quelque chose de moral dans cette disposition, elle resserrait le lien de la famille, elle rattachait l'habitant à la commune par l'attrait d'un avantage éventuel pour le fils qui doit naître à l'ombre du clocher.

Le ministre a vu là un privilège aboli par la législation en vigueur qui reconnaît à tous les habitants domiciliés un droit égal. Nous trouvons dans une lettre adressée le 2 mars 1813, au Préfet du

Nord, par M. Quinette, Directeur-général de la comptabilité des communes et des hospices, à l'occasion de la réclamation du sieur Delannoy, de Roost-Warendin, les passages suivants :

« Les Lettres-patentes de 1777 établissent une préférence en
» faveur des natifs, ou de ceux qui épouseraient une native pour suc-
» céder à un lot vacant. C'est cette disposition qui est abrogée par
» nos lois qui excluent tout privilège.

» Lors donc qu'un lot vient à vaquer, vacance prévue par les
» Lettres-patentes, il faut appeler à cette jouissance le plus ancien
» des domiciliés, *payant contribution,* sans distinction de natifs
» ou non natifs. »

La question ne paraît pas s'être engagée au contentieux; le Préfet se soumit à la décision ministérielle, et son Arrêté réglementaire du 20 juillet 1813 contient, article 1.er, le principe de l'extension du bénéfice de l'admission aux partages à tous les domiciliés, natifs ou non natifs, et l'obligation nouvelle du paiement d'une contribution.

Malgré les instances des communes qui sollicitèrent le retour à l'ancienne législation, l'Arrêté du 12 mars 1830 confirma, en ce qui concernait les natifs, l'Arrêté de 1813 : celà est regrettable; car, en même temps que, par une exagération des principes généraux, la décision ministérielle rayait une condition nécessaire dans l'espèce, elle ouvrait à deux battants la porte des communes, propriétaires de marais, à tous les forains indigents, heureux d'acquérir, au prix d'une inscription au registre des aspirants, le droit d'être admis un jour à la jouissance d'une portion ménagère.

On aura remarqué ces mots glissés dans la lettre ci-dessus —*payant contribution.*— Il faut que l'esprit fiscal soit bien ingénieux et bien avide pour trouver ainsi, dans le patrimoine des pauvres, matière à contribution. Et n'est-il pas extraordinaire que le même ministre qui pousse le scrupule de la légalité jusqu'à considérer comme un privilège le droit si naturel attribué aux enfants de la commune, sans se donner la peine de fournir une raison à l'appui de son opinion, n'est-il pas extraordinaire, disons nous, que ce même ministre ne craigne pas de créer, d'un trait de plume, une condition nouvelle à laquelle, certes, le législateur de 1777 n'avait pas pensé?

Au reste, les plaintes des communes furent mieux écoutées sur ce point.

Nous lisons dans l'Arrêté de 1830, qui fit justice de cette exorbitante condition « que cette disposition n'a reçu qu'une exécution » incomplète, parce qu'elle avait pour effet de priver les indigents » de la jouissance d'un avantage commun qui leur est plus nécessai- » re qu'à tous autres; que, sous ce rapport, il s'est élevé de nombreu- » ses réclamations qui paraissent d'autant mieux fondées, que les » changements réels que l'Arrêté du 20 juillet 1813 a introduits dans » le mode de jouissance des marais partagés, n'ont pas reçu l'ap- » probation exigée par le décret du 9 brumaire an XIII.

» Qu'il résulte, en effet, du vœu presqu'unanime des conseils » municipaux, que la suppression de cette condition est généra- » lement désirée...... »

En même temps que les conseils municipaux protestaient contre cette dernière condition, ils faisaient remarquer au Préfet l'injustice que contenait, à un certain point de vue, l'attribution de portions ménagères à des individus qui, domiciliés dans la commune, n'étaient pas français ni naturalisés, et se trouvaient exempts des charges qui pesaient si lourdement sur les autres habitants, et notamment de la charge du recrutement de l'armée.

Les Lettres-patentes, en effet, ne s'expliquent pas sur la question de l'indigênat. Il faut dire que, sous l'ancienne législation, la question n'avait pas l'importance qu'elle a acquise depuis les révolutions qui ont admis tous les Français à l'exercice des droits politiques. D'un autre côté, comme sous l'empire de l'Arrêt de 1777, il fallait être natif de la commune pour jouir d'une portion ménagère, et comme aussi, par l'application d'une jurisprudence constante, la qualité de *vrai Français* appartenait à tous ceux qui naissaient en France, la difficulté ne pouvait guère être soulevée.

Il n'en est plus de même aujourd'hui, surtout depuis que les Arrêtés réglementaires ont étendu le bénéfice de la participation à tous les domiciliés, sans distinction de natifs ou de non natifs. Il a dû paraître fort dur à des habitants nés dans la commune, et citoyens Français, ayant payé, en cette dernière qualité, leur dette du sang à la patrie, de se voir primés dans l'ordre des registres d'aspirants par des étrangers indifférents au clocher du village et au drapeau de la France. Vainement on leur aurait objecté que la jouissance d'une part de marais et la qualité de Français ne sont pas nécessairement corrélatives, qu'à côté des charges auxquelles échappent les étrangers, il y a des avantages auxquels ils ne peuvent prétendre...

Pour arriver à calmer les esprits, sans apporter une nouvelle modification à la législation de 1777, déjà si ébranlée, on imagina d'écarter les étrangers non naturalisés, en supposant qu'en leur qualité ils ne pouvaient jamais, sans autorisation du gouvernement, acquérir le domicile légal, et, partant, posséder la condition rigoureusement exigée par la loi sur la matière, « il est à observer, dit l'Arrêté de 1830, que, d'après les termes de l'article 13 du code civil, les étrangers ne pouvant avoir un domicile légal en France, sans en avoir obtenu l'autorisation, il en résulte qu'ils n'ont pas droit, sans cette autorisation, de participer à la jouissance des portions de marais pour laquelle la possession d'un domicile forme la condition principale. »

Nous avons déjà, en parlant de la résidence de fait qui, suivant nous, est la seule condition nécessaire, apprécié, à notre point de vue, le mérite de l'argumentation ci-dessus.

Nous examinerons cette même question des étrangers avec plus de détails dans le titre suivant.

CHAPITRE DEUXIÈME.

CARACTÈRE DU DROIT DU PORTIONNAIRE ; MODE, ÉTENDUE DE SA JOUISSANCE.

Ainsi que nous l'avons vu dans le court historique que nous avons tracé de la législation des parts de marais, à la différence du détenteur de la portion ménagère attribuée par l'Arrêt de 1779, qui la possède « *jure hæreditario* » à la charge de la rendre à l'aîné de ses garçons ou de ses filles, le portionnaire, en vertu des Lettres-patentes de 1777, n'a qu'une jouissance usufruitière.

« Chaque ménage, dit l'art. 6, en jouit jusqu'au décès du » dernier vivant du mari et de la femme ;

» Dès que le dernier survivant du mari ou de la femme sera » décédé, ajoute l'art. 8, ces portions passeront à d'autres ménages.

Il en est de même pour chaque feu particulier ; à la mort du titulaire, la portion retourne à la communauté.

Cette disposition, qui confère la jouissance à l'époux survivant, est une conséquence de la faveur accordée au mariage.

Nous lisons, en effet, dans la requête des lieutenants et assesseurs des corps et communauté des habitans du village de Gondecourt, en date du 15 juin 1774, que le partage qu'ils demandent a lieu principalement au profit des ménages, *afin d'engager bien des particuliers à se marier et à favoriser ainsi le développement de la population.*

Pas de difficulté possible, quand le survivant des époux est celui qui a fait entrer la portion dans la communauté ; cette portion continue de lui appartenir, et s'il se remarie, il apporte à son nouveau conjoint la perspective d'une jouissance usufruitière.

La question naît quand le survivant n'a eu droit à la portion que comme membre d'un ménage auquel elle a été accordée indivisément. Ce droit que, sans nul doute, il possède jusqu'à sa mort, s'éteint-il à son décès pour faire retour à la communauté, ou continue-t-il à profiter au survivant?

Nous croyons que les termes formels de l'art. 8 des Lettres-patentes, justement interprêtés par l'art. 14 de l'Arrêté de 1830, ne peuvent laisser aucun doute.

Évidemment, le droit du ménage s'est éteint avec le survivant.

Cette question a de l'intérêt pour les habitants, pourvus à divers titres, et qui voudraient contracter mariage; comme aux termes de l'article 7 des Lettres-patentes, personne ne peut jouir de deux portions à la fois, il devient important d'opter pour la conservation de celle qui procéderait d'un droit personnel.

Au reste, on comprend que beaucoup de circonstances peuvent guider dans le choix de la portion à conserver.

Il est arrivé quelque fois que l'option n'ayant pas été faite, la mort a surpris l'un des époux *cumulant*, avant que la dépossession au moins partielle, eut été provoquée par un aspirant. Quelle est alors, pour régler les droits du survivant, la portion réputée avoir été abandonnée? Il a toujours paru conforme à l'équité de juger que c'était la portion propre à l'époux décédé.

Cette jouissance viagère du portionnaire direct ou survivant a bien le caractère de l'usufruit tel que notre code civil le détermine.

Ce que nous allons dire du mode et de l'étendue de la jouissance le prouvera davantage encore.

Le ménager est tenu, d'après l'art. 12, de mettre en valeur sa portion de la manière la plus convenable à son terrain, dès la première année, et il en est privé, s'il laisse passer trois années sans l'avoir mise en culture.

Il lui est défendu de dégrader aucune partie de marais par l'extraction du tourbage ou de toute autre manière, (art. 13) et il doit entretenir les chemins et fossés existants dont il est riverain, (art. 17).

On rencontre dans ces conditions, imposées par une législation spéciale, les principes du code civil sur l'usufruit, notamment l'esprit de l'article 618 qui fait cesser l'usufruit quand l'usufruitier abuse de sa jouissance, soit en commettant des dégradations sur le fonds, soit en le laissant dépérir faute d'entretien.

Des circonstances imprévues, notamment les grands travaux de chemins de fer, en venant troubler brusquement des droits de jouissance, reposant sur d'antiques traditions, ont soulevé, quant à la nature des portions ménagères, des difficultés jusqu'à un certain point insolubles.

Les questions qui se sont présentées à propos des majorats, des usufruits, des emphytéoses par l'effet des expropriations se sont produites à propos du droit des portionnaires à l'indemnité représentative de la valeur du terrain empris.

A Auby, notamment, une somme de 13,450 fr. 98 c. avait été accordée par le jury pour diverses parcelles en nature de portions ménagères. Quand il s'est agi de partager cette somme, des prétentions se sont élevées de la part de la commune nu-propriétaire, des détenteurs, en possession actuelle, et des aspirants, en jouissance expectante. Devait-on attribuer toute la somme à la commune, sauf aux portionnaires à exercer leur droit sur le montant de l'indemnité, au lieu de l'exercer sur la chose ? (1) Quel était le droit des aspirants à cette même somme ?

Les questions qui se compliquaient encore de l'incertitude sur la législation qui régissait Auby, commune de l'ancienne province d'Artois, aujourd'hui dans l'arrondissement de Douai, se vidèrent par une transaction par laquelle on partagea la somme de 13,450 f. 98 c. par égale portion, entre la commune et les détenteurs expropriés.

Ni les Lettres-patentes, ni les Arrêtés réglementaires ne s'expliquent sur un point important : le bénéficiaire est-il tenu d'exploiter par lui-même sa portion ? Peut-il, au contraire, la louer à un tiers ?

Il est évident que si cette condition d'exploitation personnelle était imposée au détenteur, elle rendrait, la plupart du temps, le privilège illusoire : un enfant, un homme infirme, une femme, inhabiles à la culture, ne tireraient aucun parti utile de la terre qui leur serait dévolue, et leur inexpérience ou leur incapacité priverait le sol lui-même des améliorations qu'il est destiné à recevoir.

Il a donc été admis par la force des choses que des conventions

(1). Loi du 3 mai 1841, art. 39.

pourraient être faites avec des tiers, en ce qui concerne les portions, soit pour les faire exploiter pour le compte des titulaires, soit pour en obtenir un loyer. Il est toujours bien entendu que le bailleur demeure responsable de l'exploitation de son représentant, vis-à-vis la commune qui ne connait que le titulaire.

Cette personnalité du détenteur domine tellement la question que, malgré l'authenticité du bail, et la durée que lui aurait assignée la convention, ce bail prendrait fin à la mort du bailleur.

C'est là, si l'on veut, une exception au code civil qui respecte les baux faits par l'usufruitier dans de certaines limites (art. 595, 1429, 1430), mais cette exception est commandée par la nature des choses.

Le Préfet du Nord l'a décidé ainsi, en répondant au Maire d'Ascq, qui lui soumettait la difficulté soulevée dans sa commune, à l'occasion d'une location de ce genre.

Nous ne nous dissimulons pas cependant que cette tolérance entraîne quelques abus.

Un Maire nous signalait il a y peu de jours des cessions faites à vil prix par des détenteurs qui escomptaient leur jouissance ménagère pendant un bail de neuf années, à raison de trois francs par chaque cent de terre. (1) et qui, cette somme une fois dépensée, retombaient à la charge du bureau de bienfaisance.

Cet inconvénient est grave, mais ne pourrait-on pas y remédier, sans exiger pour cela l'exploitation personnelle, en soumettant les baux ou cessions à l'autorisation du Maire, appréciateur naturel et impartial des raisons qui empêcheraient un détenteur de cultiver par lui-même sa portion ?

Les parts de marais, précieuses ressources du travail, ne doivent point être une prime de fainéantise ou de débauche.

A qui appartient le droit de chasse ? Ce droit qui est une dépendance du domaine utile, nous semble devoir résider dans les mains du portionnaire, véritable usufruitier. Toutefois, des baux récents l'ont, dans plusieurs localités, affermé à des chasseurs

(1) Le cent de terre représente 8 ares, 86 centiares.

qui comprennent dans leur réserve, avec les biens propres des communes, les portions dites ménagères. Le peu d'intérêt qu'a le portionnaire à retenir un droit, stérile pour lui, l'empêche de se plaindre d'une mesure qui offre aux communes un revenu affecté au soulagement des indigents.

Il ne faut pas croire que le portionnaire jouisse gratuitement de sa part de marais. Aux termes mêmes des Lettres-patentes, il doit payer à la commune, pour être affectée à ses charges ordinaires et extraordinaires, une redevance qui ne doit pas excéder le prix d'un demi-havot (1) de blé au cent de terre. (Art. 14 des Lettres-patentes, et 20 de l'Arrêté de 1813).

Il est en outre assujetti au paiement de la contribution foncière ; c'est une charge que l'art. 608 du code civil impose d'ailleurs à l'usufruitier.

Les droits d'enregistrement perçus à une certaine époque sur les portions dévolues aux termes de l'Arrêt de 1779, n'avaient jamais été réclamés à l'occasion des parts de marais régies par les Lettres-patentes de 1777. Ces parts, en effet, ne cessent pas d'appartenir à la commune, qui n'en attribue aux détenteurs que la jouissance viagère.

Le décret du 22 février 1849, qui grève les biens de *main-morte*, est venu atteindre toutes les portions ménagères. Un rôle général a été dressé à la charge des communes qui ne manqueront pas sans doute de s'exonérer, en reportant partiellement l'impôt sur les détenteurs des portions, par l'établissemeut d'un rôle de détail.

La jouissance des portions ménagères ne cesse pas seulement par la mort du détenteur, par les contraventions qu'il peut commettre, elle prend fin encore par la *défaillance* des conditions qu'il avait dû réunir pour l'acquérir. Ainsi, le portionnaire qui n'est plus français, habitant de la commune, pourvu d'un feu particulier, peut, sur la demande d'habitants intéressés, ou même d'office, être dépossédé de sa part qui retourne à la communauté, pour être attribuée au plus ancien aspirant.

On suit pour la dépossession la même procédure que pour l'envoi en jouissance.

(1) Le havot, mesure locale, représente 20 litres.

CHAPITRE TROISIÈME.

—

FORMALITÉS RELATIVES A L'INSCRIPTION DES ASPIRANTS AUX PORTIONS.

L'article 9 des Lettres-patentes de 1777 est ainsi conçu :

« Si le nombre des feux augmente, les feux ou ménages sur-
» numéraires, pour parvenir à une portion, devront attendre qu'il
» y en ait une vacante, et n'en seront pourvus que par rang
» d'ancienneté d'établissement en ménage particulier; si, au
» contraire, le nombre des feux vient à diminuer, les portions
» surnuméraires seront louées au profit de la communauté, mais
» pour trois ans seulement, afin que les nouveaux feux qui
» pourront s'établir ne soient pas dans le cas d'attendre plus
» longtemps pour être portionnés comme les autres. »

La réalisation de la première hypothèse, c'est-à-dire l'augmentation successive des feux, a nécessité l'organisation d'un registre spécial, pour classer les candidats par ordre d'ancienneté.

Nous trouvons la première trace de cette formalité dans deux réglements de l'Intendance de Flandre et d'Artois, en date du 30 mai 1783 pour Marchiennes, et du 28 novembre 1784 pour Bouvignies, lesquels réglements avaient pour objet de déterminer la capacité et l'habileté de ceux qui prétendraient aux parts de marais.

Le rôle des habitants de Bouvignies ayant été remis le 23 février 1779 au Subdélégué, le réglement, concernant plus spécialement cette dernière commune, ordonna de comprendre, dans les répartitions annuelles, tous les habitants ayant feu et ménage séparés à l'époque du 22 février 1779, soient qu'ils fussent natifs, ou non, dudit village de Bouvignies.

Il est probable que des mesures de ce genre furent prises dans toutes les communes où existaient des portions de marais. Toutefois, l'Arrêté préfectoral du 20 juillet 1813 vint, avec raison, réglementer, d'une manière uniforme, le mode d'inscription et d'attribution.

« Pour constater les droits de chacun des aspirants aux portions » ménagères, dit l'article 2 de cet Arrêté, et pour écarter toute » discussion dans les mises en possession des lots qui viendront à » vaquer, les Maires des communes où il existe de ces biens, » formeront, à la précetion du présent Arrêté, une liste des habi- » tants, non pourvus de portions ménagères, actuellement établis » à feu et ménage, et *payant contribution,* en les classant par » ordre d'ancienneté, et en indiquant l'époque de l'établissement » du feu et du ménage.»

Suit une série de dispositions qui prescrivent aux Maires et aux Conseils municipaux des mesures, ayant pour objet d'assurer la régularité et la sincérité des inscriptions, pour le présent comme pour l'avenir.

Ainsi, les Maires doivent faire imprimer et relier un registre dont le modèle leur est donné, et contenant un nombre de feuillets suffisants pour qu'il puisse servir, pendant dix années, à l'inscription définitive des aspirants aux portions ménagères.

Ils doivent prévenir leurs administrés par avis et publication, et engager ceux qui auraient des réclamations à faire valoir à les rédiger par écrit, pour, lesdites réclamations, être examinées et discutées par le Conseil municipal, dans sa séance extraordinaire du 18 septembre.

Ils doivent, pour cette séance du 18 septembre, convoquer leur Conseil municipal, et lui communiquer l'Arrêté, la liste et le registre.

Ainsi, les Conseils municipaux doivent vérifier la liste provisoire dressée par le Maire, et, après avoir délibéré sur toutes les réclamations et classé les prétendants, suivant leur droit, les inscrire sur le registre, l'arrêter et le clore par leur signature.

Toutes ces inscriptions doivent, avant le 25 septembre, être adressées au Sous-Préfet, qui les rassemble et les transmet au Préfet, avec les observations dont le travail lui paraît susceptible.

Cette opération, aux termes de l'Arrêté, doit avoir lieu tous les ans, pendant la session des Conseils municipaux, du 1.er au 15 mai, et l'envoi du travail doit être fait, par les soins du Maire, au Préfet, dans les dix jours qui suivront la clôture de la session.

On ne peut qu'approuver la sagesse de ces prescriptions qui tendent à fixer à l'avance le sort de chacun.

Lorsque, sur les réclamations des Conseils municipaux, on modifia les conditions qui, jusque-là, avaient été exigées pour l'obtention des portions ménagères, lorsqu'à l'obligation d'être né dans la commune, ou de payer une contribution, fut substituée l'obligation d'être français ou naturalisé, il devint nécessaire de procéder à une révision complète des listes d'aspirants, en suivant les principes établis par le nouvel arrêté du 12 mars 1830.

Une lettre du Préfet du Nord, transmissive de cet Arrêté, approuvé par le gouvernement, avertit les maires qu'ils eussent à s'occuper de ce travail, en prévenant les habitants possédant les conditions prescrites, qu'à défaut par eux de remettre leurs demandes et leurs pièces justificatives dans le délai d'un mois, ils s'exposeraient à perdre leur droit d'aspirant pour le passé; c'est-à-dire qu'ils ne pourraient plus, à l'avenir, être inscrits qu'à partir de l'époque où ils auraient réclamé régulièrement leur inscription, quelque fondé que fut leur droit antérieur.

Cette opinion du Préfet, que le droit court de l'inscription, a été suivie jusqu'ici; elle a été confirmée par la jurisprudence du Conseil de Préfecture. On pourrait citer, à cet égard, de nombreuses décisions, qui ont bouleversé des positions depuis longtemps acquises.

J'avoue que cette doctrine ne me satisfait pas ; sans doute, au moment où le nombre des aspirants augmente, avec la population ; au moment où les parts de marais, améliorées par le travail des portionnaires, deviennent de plus en plus précieuses, il importe au bon ordre que chacun sache, autant que possible, à quoi s'en tenir; il est bon d'empêcher qu'une prétention, soudainement élevée, ne vienne détruire l'espoir longtemps nourri par une famille.

Sans doute, l'habitant, qui a un droit véritable, commet une faute, s'il ne le fait pas valoir, et il peut, sans injustice, en supporter la responsabilité.

Mais d'un autre côté, indépendamment de l'ignorance de son droit, l'homme, qui vient ainsi tardivement le réclamer, ne peut-il pas avoir eu des raisons pour le laisser dormir? Jouissant d'une fortune qui suffit à ses besoins, est-il coupable de n'avoir pas prévu que le malheur pourrait frapper ses vieux ans? Qui sait si un sentiment généreux, le désir de faire profiter d'une portion de plus malheureux que lui, n'était pas la seule cause de son silence?

C'est surtout sous l'empire de la législation de 1779 que cette doctrine conduirait fréquemment à l'injustice.

Une fille épouse un homme pourvu d'une portion. Après plusieurs années de mariage, le mari meurt, laissant des enfants qui héritent de sa part. Pas de viage pour la veuve.. et comme très-probablement, elle ne s'est pas fait inscrire pendant son mariage; il faut qu'elle prenne rang, et elle sera morte de misère avant que son tour n'arrive......

Je comprendrais qu'en présence d'un texte formel, on tint peu de compte de ces considérations, mais, qu'on ne l'oublie pas, les Lettres-patentes de 1777 — art. 11, — ne prononcent pas de déchéance ; c'est l'Arrêté parlementaire du Préfet, qui, seul, subordonne le droit à l'accomplissement d'une formalité.

Non, en dépit de l'Arrêté, l'esprit, sainement interprété, des Lettres-patentes, permettra toujours aux Conseils de Préfecture de passer dans certains cas au-dessus de l'inscription.

Il y aurait peut-être un moyen que le Préfet pourrait prendre, dans la limite de ses attributions, pour concilier les deux termes de la question, en conservant le bénéfice de l'ancienneté et l'avantage de l'inscription. Ce serait de créer, par Arrêté, pour les listes annuelles d'inscription, ce qui existait autrefois pour nos listes électorales, une sorte de permanence :

Tous les ans, à la session de mai, les Maires et les Conseils Municipaux s'occuperaient de la révision des registres des aspirants, dans les formes de l'Arrêté du 20 juillet 1813.

On afficherait les listes et chaque habitant intéressé à l'inscription de son nom ou à la radiation du nom d'un tiers, serait invité à faire valoir ses droits.

Le délai, pour les réclamations et pour le jugement des questions, une fois expiré, la liste serait définitivement close, et toutes les portions qui deviendraient vacantes, dans l'année, seraient accordées d'une manière incommutable, suivant l'ordre de la liste.

Par ce moyen, les premiers inscrits auraient au moins l'espoir assuré de jouir des premières vacances, et les habitants omis recouvreraient leur ancienneté à l'exercice suivant.

CHAPITRE QUATRIÈME.

COMPÉTENCE DES JURIDICTIONS CHARGÉES DE PRONONCER SUR LES RÉCLAMATIONS, ET DE JUGER LES QUESTIONS QUI S'Y RATTACHENT.

Telle a été l'incertitude qui, de tout temps, a régné sur la législation des partages que la compétence même, aujourd'hui incontestablement attribuée aux Conseils de Préfecture, a été, jusqu'en 1823, revendiquée par les Préfets,

L'Arrêté préfectoral du 20 juillet 1813 ne paraît permettre aucun doute à ce sujet.

« Les difficultés, dit l'article 10, que feront naître les envois en » possession, nous seront référées avec les moyens de défense des » parties contendantes, les observations des Maires, l'avis du » Sous-Préfet et, au besoin, la délibération du Conseil Municipal. »

L'Arrêté du 12 mars 1830 vise ce même article parmi ceux de l'arrêté précédent qui ne sont point abrogés.

Cependant la question avait été soulevée, dès 1823, par un habitant de Wavrin, qui avait réclamé contre l'attribution faite par le Préfet d'un lot de communaux, devenu vacant, dans la commune.

La lettre ci-après du Ministre de l'intérieur fait suffisamment connaître les objections du Préfet.

Paris, 31 décembre 1823.

« Monsieur le Préfet, je vous avais invité à rapporter votre » arrêté du 25 mars dernier, sur une contestation relative à la jouis- » sance d'un lot de communaux, vacant dans la commune de » Wavrin, et qui m'a paru être du ressort du Conseil de Préfecture. »

« Par votre lettre du 2 octobre, vous objectez que, si la con- » naissance des affaires de ce genre devait être renvoyée au Conseil

» de Préfecture, ce renvoi entraînerait beaucoup de lenteurs et de
» difficultés; en effet, ajoutez-vous, le décret du 4.e jour complé-
» mentaire de l'an XIII, qui a conservé aux Conseils de Préfec-
» ture la connaissance de toutes les difficultés relatives au par-
» tage des biens communaux, a statué, en même temps, que toutes
» les décisions qu'ils porteraient, sur cette matière, ne pourraient
» être mises à exécution qu'après avoir été confirmées par le gou-
» vernement, sur un avis du Conseil d'État. Il faudrait, selon
» vous, en conclure que, dans l'affaire concernant la commune de
» Wavrin, et dans toutes celles qui ont pour objet, soit la discus-
» sion des droits d'un aspirant à une portion de marais, soit la dé-
» possession d'un détenteur qui aurait cessé de réunir les condi-
» tions nécessaires pour conserver sa jouissance, les décisions que
» prendrait le Conseil de Préfecture ne seraient exécutoires qu'en
» vertu d'une Ordonnance Royale, et l'on sent, ajoutez-vous,
» combien cette marche compliquerait l'administration. D'abord,
» Monsieur le Préfet, les difficultés et les lenteurs que peut com-
» porter ce mode de procédure, d'ailleurs nécessaire, s'il est lé-
» gal, ne peuvent être un motif suffisant pour s'en écarter et chan-
» ger l'ordre établi des juridictions. »

« Je dois vous faire observer, ensuite, que les Arrêtés du Conseil
» de Préfecture ne sont nécessairement soumis à l'homologation
» Royale qu'alors qu'ils statuent sur le maintien ou l'annulation
» des partages, c'est-à-dire, sur des actes intéressant, d'une part,
» la généralité des habitants d'une commune, et de l'autre, l'ad-
» ministration municipale. C'est ce qui résulte des termes formels
» du décret du 4.e jour complémentaire de l'an XIII; mais s'il
» s'agit de difficultés entre deux habitants, ou entre ces habitants
» et l'administration municipale, sur un droit individuel, puisé dans
» un réglement de partage, dont le Conseil de Préfecture est appelé
» à fixer le sens et l'application, l'arrêté de ce Conseil constitue alors
» un jugement réel, qui renferme en lui-même toute sa force, et qui
» doit être exécuté, sans autres formes, sauf l'appel de droit au
» Conseil d'État. »

« Or, tel est le cas présent. »

« Je ne puis donc que me référer à mes précédentes observations » sur l'irrégularité de votre Arrêté du 25 mars, *et vous inviter à* » *le rapporter*. » (1).

« Signé GASPARIN. »

Le Préfet du Pas-de-Calais avait aussi, quelques années auparavant, pensé que la décision du litige, à l'occasion de la dévolution des portions ménagères, était de son ressort; il avait évincé un prétendant qui se pourvut au Conseil d'État.

Le Comité du Contentieux consulta le Ministre. Nous citons ici la réponse, parceque nous croyons que les raisons données à l'appui de la compétence des Conseils de Préfecture sont aussi bonnes pour le Nord que pour le Pas-de-Calais.

Le Ministre répondit, quant à la compétence, que les Préfets administrent et ne jugent pas, et que la loi du 28 pluviôse an VIII investit les Conseils de Préfecture du droit de connaître du Contentieux administratif.

« Les difficultés de partage, dit encore le Ministre, sont attribuées » aux Conseils de Préfecture par la loi du 9 ventôse an XII, et par » l'acte additionnel de l'an XIII. »

« Cela se faisait d'ailleurs ainsi, anciennement. »

» L'intendant de la province d'Artois avait d'abord été chargé de la police et de la juridiction des marais communaux. Un Arrêt du Conseil, du 11 mars 1764, renvoya cette matière devant les juges ordinaires, en restituant aux communes le droit de régler le partage, sous l'inspection des États d'Artois. »

» Un autre Arrêt de 1769 attribua l'exécution du réglement général du 26 août 1768, sur l'administration des marais communaux, aux députés généraux et ordinaires des États, et leur confèra le droit exclusif de juger toutes les contestations nées et à naître entre

(1). Dans la lettre que j'ai sous les yeux, à la place des mots que j'ai soulignés, il y a : *et vous inviter à vous y conformer*. Cette dernière rédaction est évidemment une erreur de l'expéditionnaire.

les occupants. Les États n'existent plus, mais leur juridiction exceptionnelle n'est autre que celle des Conseils de Préfecture dont les décisions sont également attaquables devant le Conseil d'État »

Voici l'arrêt rendu à cette occasion :

« Louis, etc.—Sur le rapport du comité du Contentieux,

« Vu la requête à nous présentée, au nom du sieur François » Demarque, cultivateur en la commune d'Harnes, département » du Pas-de-Calais, — Vu l'art. 6 de la loi du 9 ventôse an XII, » sur les partages des biens communaux, effectués en vertu de la » loi du 10 juin 1793, ledit article portant que toute contestation, » relative à l'occupation desdits biens, doit être jugée par le Conseil » de Préfecture; — Vu aussi l'art. 1 du décret du 4.e jour complé» mentaire, an XIII, inséré au Bulletin des lois, qui rend cette » disposition applicable aux contestations auxquelles peuvent donner » lieu les partages des biens communaux, opérés avant la loi du » 10 juin 1793, en vertu d'Arrêts du Conseil.

» Considérant qu'il s'agit dans l'espèce d'une contestation de cette » nature, et conséquemment que c'était au Conseil de Préfecture » à prononcer :

» Notre Conseil d'État entendu, — nous avons, etc.

» Art. 1.er—L'Arrêté pris par le Préfet du Pas-de-Calais, le 17 » janvier 1820, est annulé pour cause d'incompétence.— La cause » et les parties sont renvoyées devant le Conseil de Préfecture dudit » département. »

—16 Janvier 1822.—

Cette compétence des Conseils de Préfecture, incontestable pour les questions d'attribution, existe-t-elle aussi pour les questions d'inscription sur le registre des aspirants ?

Nous comprenons fort bien que les prétentions opposées d'habitants d'une commune, provoquent, de la part du Conseil de Préfecture, un jugement véritable qu'il rend, en interprétant les réglements invoqués par les parties.

Ainsi, il décide auquel des aspirants doit appartenir la portion, devenue vacante ; ainsi, il pèse la valeur des circonstances qui font perdre au détenteur la portion qui lui a été conférée ; dans l'un, comme dans l'autre cas, le Conseil fixe le sens et l'application des réglements de partage.

Mais lorsqu'il s'agit de prononcer sur une inscription ou sur une radiation, sollicitée ou encourue, lorsqu'il s'agit d'accorder ou de faire perdre un rang sur la liste d'aspirance, ce vestibule de la propriété, la question de compétence est plus difficile à résoudre. En effet, il n'y a pas là de réglement de partage, il n'y a qu'un réglement de discipline secondaire.

L'usage cependant a prévalu : on se pourvoit devant le Conseil de Préfecture, pour réclamer une inscription ou une radiation, comme pour demander une investiture ou une dépossession de portion. Cette jurisprudence est regrettable ; elle tend à diminuer l'autorité des décisions, en les rendant incertaines ; car il n'est pas rare de voir, lors du jugement de la question du fond, la portion définitivement attribuée à celui qui a été primé dans la question d'inscription.

L'article 2 de l'Arrêté du 20 juillet 1813 porte que, s'il s'élève des contestations sur le domicile des aspirants, elles seront jugées *d'après le code civil ;* il faut entendre par ces mots que le renvoi de ces questions doit être fait aux tribunaux civils. Il est de règle, en effet, que la justice ordinaire est seule compétente sur cette matière ; il en serait de même pour les questions d'extranéité, si l'Arrêté du 12 mars 1830 imposait plus explicitement au candidat l'obligation d'être Français : le Conseil de Préfecture devrait aussi réserver sa décision au fond jusqu'au jugement de l'incident.

Mais, encore une fois, nous ne comprenons pas comment ces questions pourraient se présenter avec l'importance radicale qu'on leur donne. Dans l'état de la législation, sainement interprêtée, elles se réduiraient presque toujours, suivant nous, à une appréciation de fait, qui serait évidemment de la compétence du Conseil de Préfecture.

Titre Troisième.

LÉGISLATION DU 25 FÉVRIER 1779.

L'application, *en fait*, de la législation du 25 février 1779, dans plusieurs communes du département du Nord, nous détermine à examiner aussi cet Arrêt du Conseil qui, sans s'écarter essentiellement des Lettres-patentes de 1777, quant aux formes et aux conditions d'admissibilité, présente cependant une différence notable, quant au mode, et surtout quant à l'étendue de la jouissance.

Le législateur de 1777 s'est arrêté au ménage ; sa préoccupation n'a pas été jusqu'aux enfants. Le caractère de la jouissance est une sorte d'usufruit qui passe au survivant des époux, et s'éteint avec lui. L'esprit qui a dicté l'Arrêt de 1779 n'est pas le même ; il paraîtrait que, dans l'Artois, à l'égard des portions déjà partagées, par suite d'autorisations antérieures, certains Arrêts avaient permis aux portionnaires de disposer de leurs parts, au moyen de donations entre-vifs ou testamentaires ; des traités auraient même été faits, qui détournaient les portions de leur assignation primitive.

Le Roi réformant et interprêtant, au besoin, ces Arrêts, source de tant d'abus, déclara, en principe, que les parts échues aux habitants, par l'effet des partages, seraient inaliénables, que nul habitant n'en pourrait posséder deux, et que l'aîné mâle de chaque famille, et, à défaut des mâles, l'aîné des femelles, seraient seuls admis à succéder auxdites parts.

On reconnaît dans cette dernière disposition le caractère des majorats perpétuels.

Ce n'est pas la simple jouissance usufruitière d'un bien, qui ne cesse pas d'appartenir à la communauté, nu-propriétaire, c'est la propriété inaliénable d'un fief, transmissible par ordre de primogéniture. Seulement, par une exception aux principes féodaux qui fait honneur aux progrès de l'esprit public, on admit les filles des portionnaires, à défaut d'enfants mâles.

La législation de 1779 ayant moins en vue le ménage que l'individu, homme ou femme, chef de famille, n'accorde aucun droit de jouissance à la veuve qui, dans nos mœurs, et dans les idées de la législation de 1777, continue le ménage. Toutefois, les mœurs avaient été plus fortes que la loi elle-même, dans les communes de l'Artois, limitrophes de l'ancienne châtellenie de Lille.

Nous en trouvons la preuve dans un document judiciaire que nous allons analyser, parce qu'il contient des renseignements utiles sur la matière.

En l'an XIII, une portion de marais, située à Haisnes (Pas-de-Calais), fut assignée à un sieur Laurent Dupuis, le plus ancien chef de famille, non pourvu, de la communauté. Dupuis meurt, sans héritier direct, mais en laissant une veuve qui se remarie, en 1822, à un sieur Raux.

La portion ménagère continue de résider dans les mains de la femme Raux qui décède en 1840, laissant des enfants mineurs, et elle est attribuée ensuite à une veuve Pasquier, à raison de son ancienneté, comme chef de famille, ayant feu et ménage.

Raux, dépossédé, réclame la restitution de cette portion au conseil de Préfecture du Pas-de-Calais, qui le lui accorde, par Arrêté du 28 septembre 1840, basé sur ce double motif que, d'après *la législation de 1779, la portion délaissée devait demeurer d'abord au survivant des deux époux, qui en avaient joui ensemble,* et que d'ailleurs, la dame Raux avait, par elle-même, et en raison de son ancienneté ménagère, acquis un droit personnel à cette même portion.

Pourvoi devant le Conseil d'État, de la veuve Pasquier, qui rappelle que l'Édit de 1779 ne parle, en aucune façon, des survivants, et qui soutient qu'a supposer que la dame Raux eut pu jouir personnellement de la portion délaissée par son premier mari, en son propre et privé nom, son mari survivant n'y avait aucun droit.

Réponse de Raux *à qui il paraît impossible que le législateur eut voulu priver l'époux survivant, souvent chargé de famille, des ressources qui lui sont plus nécessaires que jamais pour soutenir les charges du ménage*, et qui demande qu'on interprète l'Édit de 1779 par les dispositions plus larges des Édits de 1771 et de 1774. — Subsidiairement, Raux demande que le lot dont il s'agit soit attribué à son fils mineur, comme devant lui appartenir du chef de sa mère.

M. le Ministre de l'intérieur, consulté sur la question, tout en repoussant la doctrine du conseil de Préfecture du Pas-de-Calais, pense que la dame Raux avait acquis long temps avant son décès, à raison de son ancienneté ménagère, des droits à l'attribution, à son profit, d'une part de marais ; qu'il y a lieu, dès lors, d'y appeler le fils qu'elle a retenu de son dernier mariage.

Voici l'ordonnance qui intervint à la date du 14 février 1845.

Louis-Philippe etc.

« Considérant qu'aux termes de l'Arrêt du Conseil du 25
» février 1779, l'aîné mâle de chaque famille, et à défaut de

» mâles, l'aîné des femmes, sont seuls admis à succéder aux » parts de marais possédées par leurs parents, de leur chef, au » moment de leur décès, et *qu'aucun usufruit n'est réservé* » *en faveur de l'époux survivant;*

» Considérant qu'il résulte de l'instruction que le sieur Laurent » Dupuis, mis en possession d'une portion de marais, le 1.er » thermidor an XIII, est mort sans enfants, *et que c'est* » *contrairement aux dispositions ci-dessus énoncées de l'Arrêt* » *de 1779 que sa veuve, remariée au sieur Raux, est restée en* » *jouissance de ladite portion;* que dès lors, au décès de ladite » dame Raux, la portion dont elle avait joui, sans droit, aurait » dû faire retour à la commune, pour être ensuite attribuée au » plus ancien chef de ménage, et que c'est à tort que le Conseil de » Préfecture du Pas-de-Calais a maintenu le sieur Raux, époux » survivant, dans la possession de ladite portion;

» Considérant qu'il résulte de l'instruction que, au moment du » décès de la dame Raux, la veuve Pasquier était la première ins- » crite sur la liste des aspirants aux parts ménagères de marais.

» En ce qui touche les conclusions subsidiaires du sieur Raux, » tendant à ce que l'apportionnement soit attribué à son fils » mineur,

» Considérant que ces conclusions constituent une demande » nouvelle qui n'a pas été soumise au Conseil de Préfecture, et qui » ne saurait nous être présentée directement;

« Arrête:

» Art. 1.er—L'Arrêté du Conseil de Préfecture du Pas-de-Calais » du 28 septembre 1840 est annulé;

» Art. 2.—La dame Pasquier sera réintégrée dans la portion » de marais dont s'agit.

» Art. 3.—Les conclusions principales et subsidiaires du sieur « Raux sont rejetées.

» Le sieur Raux est condamné aux dépens.»

Ainsi, il paraît bien établi, qu'à la différence du droit accordé au survivant par les Lettres-patentes de 1777, la jouissance de la portion ménagère passe, à la mort du chef de famille, aux enfants, et que, dans le cas où le défunt ne laisse pas d'enfants, elle fait retour à la communauté, sans que l'époux survivant puisse y prétendre. D'autres Arrêts du Conseil d'État confirment cette jurisprudence, devant laquelle cèdent maintenant les traditions locales les plus obstinées.

Mais l'espèce ainsi décidée a laissé subsister une autre question, non moins importante, que le Conseil d'État a écartée par une fin de non recevoir.

Dans ses conclusions subsidiaires, Raux demandait que le lot fût attribué à son fils mineur, comme devant lui appartenir du chef de sa mère. Le Ministre de l'intérieur trouvait cette demande fondée. Il est regrettable qu'elle n'ait pas été mieux formulée en première instance ; elle eut permis aux juges du dernier ressort d'examiner si, bien que mariée, la mère du mineur n'avait pas dû être considérée comme chef de famille, et si, à ce titre, elle n'avait pas eu le droit de jouir personnellement, et comme plus ancienne domiciliée, de la portion qui, à la mort de son premier mari, avait fait retour à la communauté.

Un Arrêt précédent du 22 février 1844 avait, à cet égard, posé un principe qu'il est bien difficile d'admettre.

Voici cet arrêt :

Louis-Philippe, etc.

« Vu l'Arrêt du 25 février 1779 ; considérant qu'aux termes de
» l'arrêt sus-visé, lorsqu'une part de marais fait retour à la commu-
» nauté, elle doit être assignée au chef de famille non pourvu, le
» plus anciennement domicilié ; qu'il résulte de l'instruction que
» le sieur Pierre Cuvelier est inscrit sur la liste des aspirants,
» comme chef de famille, ayant feu particulier, à compter du 20
» juillet 1822 ;

» Que la dame veuve Grar, au contraire, n'a feu et ménage

» particuliers *qu'àpartir du* 29 *octobre* 1831, *époque à laquelle* » *son mari est décédé en jouissance d'une portion, recueillie* » *depuis par son fils*, en vertu d'un Arrêté du Conseil de Préfec- » ture, non attaqué; qu'ainsi, c'est à tort que le Conseil de » Préfecture a envoyé la dame veuve Grar en possession d'une » part de marais devenue vacante, et ayant fait retour à la » communauté, par le décès de son mari.

« Arrête :

» L'Arrêté du Conseil de Prèfecture du Pas-de-Calais est annulé ;

» Le sieur Pierre Cuvelier est envoyé en possession de la portion » de marais dont s'agit. »

Nous le répétons ; il nous est difficile d'admettre la doctrine de cet Arrêt, qui semble non-seulement priver les femmes de la faculté de faire courir, pendant le mariage, le temps nécessaire à l'établissement de leur ancienneté, mais encore suspendre, et même éteindre leur droit, à cet égard, préexistant au mariage. Il y aurait dans cette inégalité de position entre le mari et la femme quelque chose de choquant pour nos mœurs.

L'homme, chef de famille avant son mariage, ne perd pas cette qualité pendant son union, et il conserve, à la mort de sa femme, sinon l'usufruit qui n'existe pas sous le régime de l'Arrêt de 1779 pour le survivant, quel que soit son sexe, du moins le droit qui s'était ouvert pour lui, alors qu'il était encore célibataire. Le fait même du mariage, qui le place à la tête du ménage, est, le plus souvent, la source du privilège que son rang d'ancienneté lui assurera plus tard.

Pourquoi n'en serait-il pas de même de la femme ?

La femme n'est plus l'esclave de son mari, seul maitre de la communauté : c'est une compagne ; si nos lois entravent sa liberté, en ce qui concerne l'administration de sa fortune, c'est dans son propre intérêt, et il serait singulier qu'on argumentât contr'elle de cette espèce de minorité, pour lui enlever un de ses droits éventuels, l'*action* qu'elle a à la jouissance d'une part de marais.

S'il était vrai que le mariage de la femme eût pour résultat de lui ravir sa qualité, entièrement acquise, de chef de famille, il faudrait, pour être conséquent, décider aussi que le ménage lui fait perdre la portion même dont elle serait lotie; dans un cas comme dans l'autre, sa qualité s'effacerait devant la puissance maritale.

Il en serait de même du convol en secondes noces d'une veuve pourvue.

Ce n'est pas que des prétentions de ce genre n'aient pas été soulevées et soutenues; mais un Arrêt du Conseil d'État, en date du 20 février 1835, en a fait bonne justice.

Ce que nous disons du droit de la femme préexistant au mariage, nous le disons également du droit co-existant au mariage. Il nous paraît de toute équité de faire dater le droit à l'ancienneté ménagère, comme chef de famille, du moment où la fille quitte le toît de son père, pour entrer dans le lit de son époux. Le ménage commence alors pour elle, et de ce ménage laborieux des classes pauvres, elle prend certainement les charges les plus lourdes. C'est bien le moins que, dans cette sainte communauté du travail, les droits soient égaux. Cette égalité qui est juste, est en même temps morale: elle relève la femme à ses yeux, aux yeux de ses enfants, aux yeux de la société.

Personne ne souffre de cette participation commune à l'espoir d'une part de marais. Le cumul, prohibé par la législation, ne porte que sur la possession réelle de deux portions ménagères.

Si l'opinion que j'exprimais, dans le titre précédent, au sujet de l'inscription au registre, venait à prévaloir, la plupart des inconvénients, que je signale ici, tomberaient devant l'appréciation morale que l'autorité compétente aurait à faire des droits des postulants, indépendamment de leur inscription.

L'interprétation trop rigoureuse du texte de l'Arrêt de 1779 avait fait naître d'autres difficultés.

De ce que cet Arrêt n'appelait à succéder que les aînés des mâles ou des filles, on concluait qu'en cas de mort d'un père apportionné, la portion délaissée ne devait pas passer au frère cadet, qu'elle devait sortir de la famille et retourner à la communauté.

Les décisions rendues par les Conseils de Préfecture, conformément à cette interprétation, ont amené des Arrêts du Conseil d'État, qui ont uniformément jugé que les portions ne font retour à la communauté que lorsque le chef de famille ne laisse, en décédant, aucun héritier direct; que dès lors, les puinés doivent jouir de la portion qui ne peut profiter à leur aîné, déjà pourvu.

Nous indiquerons notamment l'Arrêt du 22 février 1844, ainsi conçu :

« Louis-Philippe, etc.

» Vu l'Arrêt du Conseil du 25 février 1779 ;

» Considérant qu'aux termes de l'Arrêt du Conseil du 25 février » 1779, sus-visé, les portions de marais font retour à la commune, » seulement dans le cas où le chef de famille ne laisse, en décédant, » aucun héritier direct, et que nul habitant ne peut en posséder » deux ;

» Que la dame veuve Brunelle étant décédée en jouissance » d'une portion, cette portion aurait du être recueillie par son » fils aîné, mais que celui-ci étant déjà pourvu d'une autre part, » à titre de plus ancien habitant, c'est avec raison que le Conseil » de Préfecture a décidé que la portion, devenue vacante par le décès » de la veuve Brunelle, devait être attribuée au sieur J.-B. » Brunelle, son fils aîné. »

Comme d'après les Lettres-patentes de 1777, le cumul de deux portions est interdit dans les mêmes mains, par l'arrêt de 1779.

L'Arrêt suivant du Conseil d'État, en date du 12 mars 1846, juge à cet égard une question qui ne manque pas d'intérêt, et que nous rapportons de préférence sous la rubrique de la législation de 1779, parce que, malgré l'accord des deux législations sur le principe, on a invoqué des arguments puisés dans l'Arrêt plus spécial à l'Artois.

La jouissance légale et temporaire qu'un père a d'une part de marais, appartenant à son fils, constitue-t-elle une possession de la nature de celles dont le cumul est interdit par l'Arrêt du Conseil du 25 février 1779, concernant le partage des biens communaux en Artois, et peut-elle faire obstacle à ce que ce père recueille, de son chef, une autre portion de marais, lui provenant de sa mère décédée ? — (résol. nég).

12 Mars 1846. — Delaye C.e Devred.

La dame veuve Célestin Devred, de Roost-Warendin, décède en jouissance d'une part de marais, et laisse trois enfants, Joseph, déjà apportionné, Augustin qui avait la jouissance légale d'une part appartenant à son fils mineur, du chef de l'aïeul maternel de cet enfant, et enfin, Rose Devred, veuve Delaye. — Les deux derniers, Augustin et Rose, ont réclamé la portion provenant de leur mère, la veuve Delaye, en se fondant sur ce que nul ne pouvait posséder deux parts ; le sieur Devred, de son côté, prétendant que la part qu'il possédait déjà, il ne la possédait pas de son chef, mais du chef de son fils mineur, qu'il n'en avait que la jouissance légale et temporaire, et que cette jouissance ne pouvait préjudicier aux droits qui lui étaient propres.

Le Conseil de Préfecture du Nord, saisi de la question, a pensé que la jouissance de la portion déférée à son fils mineur ne devant appartenir à Augustin Devred que jusqu'au moment où ce fils aurait atteint l'âge de dix-huit ans, ou serait émancipé, cette jouissance toute momentanée, dont le père ne profitait qu'en qualité d'administrateur, ne pouvait être considérée comme une jouissance réelle, qui lui interdirait le droit de bénéficier personnellement d'une portion provenant de l'héritage de sa mère.

« La veuve Delaye a attaqué cet Arrêté devant le Conseil d'État. Elle a soutenu que le fils mineur étant nécessairement membre de la famille ou du ménage de son père, la dévolution au père d'une autre portion ferait que le ménage en posséderait deux, contrairement aux termes et à l'esprit de l'Arrêt du 25 février 1779 ; que la transmission dont il s'agit ici ne pouvant avoir lieu qu'à titre successif, il fallait, pour en profiter, être capable au moment de l'ouverture de la succession, et que l'incapacité résultant de la possession d'une autre part, bien que momentanée, suffisait pour empêcher le détenteur d'en recueillir une autre, dès que cette incapacité existait à l'époque où s'ouvrait le droit à en être investi... »

« Le cumul, dans le cas où l'un des époux est en possession du chef de l'autre époux, n'est aussi, a-t-elle ajouté, que momentané; il peut cesser par la séparation de corps et même de biens. Cependant l'Arrêt de 1779 n'a pas hésité à l'interdire en termes exprès. L'intention de cet Arrêt est, en effet, que les lots soient répartis entre le plus grand nombre possible de familles, il n'a pas voulu que deux lots fussent réunis, même momentanément, dans le même ménage, alors que tant de malheureux, non pourvus, attendent une vacance. Or, si l'on admet la doctrine du Conseil de Préfecture, un seul chef de famille pourra réunir, non-seulement les lots de plusieurs de ses enfants mineurs, mais encore un autre lot qui lui serait personnel. »

« Le sieur Augustin Devred a répondu que le motif de l'interdiction, prononcée par l'Arrêt du Conseil, était d'empêcher qu'au moyen d'alliances, successions ou donations, une seule famille put accaparer la presque totalité des marais communaux; mais que cet accaparement n'était pas à craindre du moment que la jouissance de deux ou plusieurs parts n'était que momentanée, si elle devait cesser de plein droit. Cette possession n'est point celle que prohibe l'Édit de 1779. Le mot — posséder — doit être pris ici dans un sens déterminé par l'art. 2228 du code civil, et non à la lettre, comme le fait la veuve Delaye; car, dans son système, le fermier lui-même qui posséderait une part n'en pourrait recueillir une autre. Il n'y a, a-t-il ajouté, nulle analogie entre le cas de l'espèce et celui du mariage où l'Édit veut qu'il y ait option. Le père ici pourrait-il abandonner le lot de son fils, pour conserver le sien propre? Évidemment non. La jouissance du père n'est également que momentanée. La société conjugale, au contraire, est constituée de telle sorte que la séparation de corps ou de biens ne peut pas être supposée entrer dans la prévision légale. C'est simplement un remède, un palliatif admis par la loi, mais en vue duquel elle n'a pas principalement statué. »

M. le Ministre de l'intérieur, consulté, partagea l'avis du Conseil Préfecture, et il est intervenu, à la date du 12 mars 1846, l'ordonnance qui suit :

« Considérant que la jouissance légale et temporaire qu'a le sieur » Augustin Devred d'une part de marais, appartenant à son fils » mineur, du chef de l'aïeul maternel de celui-ci, ne constitue » pas une possession de la nature de celles dont le cumul est interdit » par l'Arrêt du conseil de 1779, et ne saurait préjudicier au droit » qu'a le sieur Devred de recueillir de son chef la portion laissée » par sa mère.

» Arrête :

» Art. 1.er — La requête de la dame Delaye est rejetée.

» Art. 2. — La dame Delaye est condamnée aux dépens. »

(Lebon, 1846. — 132).

Le Conseil de Préfecture du Nord, en décidant que le père avait la jouissance légale de la portion de son fils, jusqu'au moment où ce dernier aurait atteint l'âge de dix-huit ans, ou serait émancipé, a tranché incidemment une question sur laquelle le conseil d'État n'a pas été appelé à statuer.

En admettant avec l'Arrêt qu'il n'y ait pas cumul dans l'espèce, doit-on appliquer au père la jouissance que lui confère l'art. 384 du code civil? Doit-on, au contraire, renfermer cette jouissance dans les limites posées par l'art. 7, section 2 de la loi du 10 juin 1793, spéciale sur la matière, article ainsi conçu :

« Les pères et mères jouiront de la portion qui écherra à leurs » enfants, jusqu'à ce qu'ils aient atteint l'âge de quatorze ans. »

Nous croyons que, dans ce concours de deux textes contradictoires, c'est le droit commun qui doit prévaloir.

Les règles posées au titre de la puissance paternelle sont, pour ainsi dire, d'ordre public, et dominent nécessairement les dispositions d'une législation antérieure qui y dérogerait.

Nous n'avons pas besoin de faire remarquer que les questions que soulève l'aptitude des femmes à posséder des portions ménagères, ne sont, pour la plupart, applicables qu'aux cas où, ces portions ayant, à la suite de vacances, fait retour à la communauté, il s'est agi de les attribuer, d'après les règles primitives du partage. Il en serait autrement si ces portions passaient aux femmes par succession; on ne pourrait pas alors, évidemment, leur opposer, pas plus qu'aux mâles, réclamant aussi, *jure hæreditario*, soit le défaut d'ancienneté, soit l'incapacité résultant de ce que les uns et les autres ne seraient pas chefs de famille, ou ne jouiraient pas d'un ménage particulier.

Dans l'hypothèse où la qualité de Français, non exigée par les législations de 1777 et de 1779, serait nécessaire, depuis la loi de 1793, pour avoir droit aux portions ménagères vacantes, pourrait-on objecter cette condition nouvelle aux *héritiers* des parts de marais, à ceux dont le droit n'est pas nouveau, dont le droit remonte à l'origine du partage ?

Le Conseil d'État a, par un Arrêt du 13 décembre 1845, décidé affirmativement cette question dans une espèce qui, cependant, était bien favorable à la femme.

Un sieur Joseph Cocu, décédé à Roost-Warendin, pourvu d'une portion ménagère, avait laissé trois filles. L'aînée, Augustine, jouissant déjà d'une part provenant de son aïeul maternel, la cadette, Christine, épouse d'un sieur Savreda, Espagnol, et enfin Julie, femme Varnier, née d'un second mariage.

Le Maire de Roost-Warendin avait désigné, pour succéder à Joseph Cocu, sa troisième fille, la femme Varnier, attendu que l'aînée était pourvue, et que la cadette avait perdu la qualité de Française, par suite de son mariage avec un étranger. Mais sur la réclamation de la femme Savreda, le Conseil de Préfecture du Nord, considérant qu'il s'agissait, dans l'espèce, d'un droit de succession pour l'exercice duquel la qualité de Français n'était pas obligatoire, envoya la réclamante en possession de la portion litigieuse.

La dame Varnier ayant formé opposition à cet Arrêté, le Conseil de Préfecture a maintenu sa jurisprudence, en décidant de nouveau que la législation, sur la matiére, n'exigeait pas que l'on fût Français pour être habile à succéder, qu'il suffisait d'être héritier en ligne directe.

Le Conseil d'État, saisi de la question par le pourvoi de la dame Varnier, a rendu l'Arrêt suivant, le 13 décembre 1845 :

« Vu les Lettres-patentes des 27 mars 1777 et 25 février 1779;
» la loi du 10 juin 1793, l'Ordonnance Royale du 7 janvier 1831,
» ensemble l'Arrêté du Préfet du Nord du 12 mars 1830, qu'elle
» rend exécutoire. »

« Considérant que si, aux termes des Lettres-patentes du 25
» février 1779, les portions ménagères de marais, vacantes par le
» décès des occupants, doivent échoir à leurs enfants, par ordre de
» primogéniture, il résulte des dispositions combinées de la loi du
» 10 juin 1793 et de l'Ordonnance Royale du 7 janvier 1831, appro-
» bative d'un Arrêté du Préfet du Nord, du 12 mars 1830, que les-
» dites portions ménagères ne pourront être conférées qu'aux habi-
» tants Français ou naturalisés Français; qu'il résulte de l'instruction
» que la dame Christine Cocu avait perdu sa qualité de Française
» par son mariage avec le sieur Savreda, étranger, non naturalisé;
» que, dès lors, elle n'avait pas droit à la jouissance de la portion
» ménagère de marais, devenue vacante dans la commune de Roost-
» Warendin, par le décès du sieur Joseph Cocu, son père, et, qu'à
» son défaut, c'était à la dame Julie Cocu, femme Varnier, sa
» sœur, que devait être conférée la dite portion ménagère.

» Arrête :

» Art. 1.er. Les Arrêtés du Conseil de Préfecture du départe-

» ment du Nord, en date du 20 mars et 13 juillet 1843, sont » annulés ;

» Art. 2. La portion ménagère du marais de Roost-Warendin, » devenue vacante par le décès du sieur Joseph Cocu, est confé- » rée à la dame Julie Cocu, femme Varnier, sa fille ;

» Art. 3. Les sieur et dame Savreda sont condamnés aux » dépens. »

Quelque respect que nous ayons pour les Arrêts du Conseil d'État, nous ne pouvons adopter la doctrine qu'il consacre dans cette circonstance. Il s'agit de la législation de 1779, et c'est sur deux arguments, en dehors de cette législation spéciale, qu'il base sa décision ; le premier est tiré de la loi du 10 mai 1793, le second de l'Ordonnance Royale du 7 janvier 1831, confirmative de l'Arrêté du Préfet du Nord du 12 mars 1830.

Pour ce qui est de la loi de 1793, nous voyons bien, à la section II, que le partage des biens communaux sera fait par tête d'habitant et que l'on répute habitant, *tout citoyen Français*, domicilié dans la commune un an avant le jour de la promulgation du décret du 14 août 1792....

Mais, à côté de cette disposition qui semble exiger, pour être habile à partager, qu'on possède la qualité de Français, nous voyons que le partage doit avoir lieu par tête, nous voyons aussi que, d'après la même loi, les valets de labour et les domestiques de ferme ont droit aux biens communaux, comme tous les citoyens, pourvu qu'ils soient habitants, et sans qu'on leur impose d'autre condition; nous voyons enfin que tout acte ou usage qui fixerait une manière de procéder au partage des biens communaux, différente de celle portée par le décret de 1793, serait regardé comme nul et non avenu.

Or, comment se fait-il que, nonobstant ce décret, le partage continue cependant à s'opérer par *feu*, qu'il ne profite qu'à ceux qui justifient d'un feu ou ménage, à l'exclusion des valets de labour et des domestiques de ferme qui, d'ordinaire n'entretiennent point un foyer spécial ; qu'enfin, malgré ses dissidences radicales avec le décret de 1793, la législation de 1779 toute entière soit restée debout ?

C'est que, à la suite du décret de 1793, qui a pu un instant menacer l'existence des législations antérieures, est intervenu le décret du 4.ᵉ jour complémentaire de l'an XIII, additionnel à celui du 9 ventôse an XII, qui a suspendu le décret de 1793 dans celles de ses dispositions contraires aux actes et usages qu'il avait mission d'abroger.

Or, pourquoi de ce dernier décret, suspendu dans son application, conserverait-on la seule condition d'être Français ?

L'argument puisé dans l'Ordonnance du Roi, du 7 janvier 1831, nous paraît moins concluant encore.

« Il résulte, dit l'Arrêt, des dispositions combinées de la loi de » 1793 et de l'Ordonnance du 7 janvier 1831, approbative d'un » Arrêté du Préfet du Nord, du 12 mars 1830, que les portions » ménagères ne pourront être conférées qu'aux habitants Français » ou naturalisés. »

Nous avons dit ce que nous pensions de l'application, dans l'espèce, de la loi de 1793, voyons si l'Arrêté, malgré l'autorité que lui donne l'Ordonnance Royale, peut être plus heureusement invoqué.

Et d'abord, remarquons que ce n'est point en conformité de la loi de 1793, et pour soumettre la législation des partages aux principes généraux, que le Préfet aurait exigé la condition d'être Français.

Les considérants de cet Arrêté nous apprennent que, pour jouir d'une portion, il faut avoir un domicile : or, les étrangers ne pouvant avoir un domicile légal, sans l'autorisation du gouvernement, il s'ensuit qu'ils ne peuvent être lotis de portions ménagères.

Voilà la seule raison que donne le Préfet pour écarter les étrangers, qui, toujours suivant la pensée de ce magistrat, pourraient être apportionnés, bien qu'étrangers, s'ils obtenaient l'autorisation d'établir leur domicile en France.

Quels que soient, au reste, les considérants sur lesquels il appuie son opinion, le dispositif de l'Arrêté subsiste, c'est l'obligation d'être Français, pour être apte à jouir d'une part de marais.

Cette condition, en dehors de la législation spéciale, a t-elle pu valablement être imposée par un Arrêté, même approuvé par Ordonnance Royale, voilà la question.

Pour mieux faire comprendre les raisons qui militeraient en faveur de l'affirmative, nous allons laisser parler le Ministre de l'Intérieur qui, à l'occasion de l'affaire de la femme Savreda, disait dans son rapport :

« Il est de principe que les réglements des modes de jouissance » des biens communaux sont des actes de pure administration » qui deviennent obligatoires, pour les habitants, lorsqu'ils » ont été faits dans les formes légales. D'un autre côté, aux termes » du décret du 9 brumaire an XIII, les anciens modes de jouissance, » antérieurs à la loi du 10 juin 1793, pouvaient être modifiés, sur » la demande des Conseils municipaux, par des actes du gouverne- » ment. Or, dans l'espèce, à supposer que le nouveau réglement » ne fut pas seulement explicatif du réglement préexistant, relati- » vement à la qualité de Français, *quand bien même il y eut ajouté* » *cette condition*, il n'en serait pas moins exécutoire ; la dame » Savreda doit donc s'y soumettre, à moins qu'elle n'en conteste » la légalité, mais alors, c'est l'Ordonnance Royale du 7 janvier » 1831 qu'elle devrait attaquer, au lieu de se borner vainement à » discuter le sens d'anciens Édits, *couverts par cette Ordonnance,* » et à invoquer la règle du droit commun en matière de succession. »

Nous voulons bien, pour un instant, admettre que l'*Ordonnance couvre tout*, et qu'elle renferme toute la législation à suivre sur la matière. Notre réponse n'en sera que plus facile.

L'Arrêté du Préfet du Nord, en date du 12 mars 1830 et l'Ordonnance approbative, non attaquée, ne s'appliquent qu'aux Lettres-patentes de 1777, et ne s'occupent en aucune façon de l'Arrêt du 25 février 1779, en vertu duquel les sœurs Cocu se disputaient, non à titre de plus anciennes domiciliées, mais à titre héréditaire, la portion délaissée par leur père.

Qu'on relise cet Arrêté, et l'on n'y trouvera pas une ligne qui ait trait à cette dernière législation, spéciale à l'Artois, réglementée par le Préfet du Pas-de-Calais, et qui ne régit que très-exceptionnellement quelques villages du département du Nord qui, dans l'ancienne division de la France, faisaient partie de l'Artois.

Roost-Warendin est dans cette catégorie, depuis 1789, époque où le village de Warendin fût détaché de Raches, pour ne former avec Roost, dépendant de l'Artois, qu'une seule commune, sous le nom qu'elle porte aujourd'hui.

Cette réunion de deux sections, soumises à des juridictions différentes, explique les tiraillements que l'on remarque, à propos de Roost-Warendin, dans la question de la législation des parts de marais. Toujours est-il que, dans l'espèce soumise au Conseil-d'État, il s'agissait de l'application de l'Arrêt du Conseil de 1779;

Or, nons le répétons, cet Arrêt n'est seulement pas visé dans l'Arrêté du Préfet. Si donc l'Arrêt du Conseil d'État ne peut s'appuyer valablement, ni sur le décret de 1793, suspendu dans son application spéciale par le décret du 4.e jour complémentaire de l'an XIII, ni sur l'Arrêté du 12 mars 1830, qui ne concerne que les Lettres-patentes de 1777, qu'en reste-t-il ?

Nous ajouterons, comme dernière considération à l'appui du système que nous soutenons, que la commune de Roost-Warendin, elle-même, qui figure parmi les 32 communes sur l'avis desquelles, et d'après délibérations spéciales, l'Arrêté de 1830 aurait été rendu, n'a point demandé que, pour obtenir une portion ménagère ou pour succéder héréditairement, on fut Français ou naturalisé.

Voici la délibération du Conseil municipal.

Extrait du registre aux délibérations du Conseil municipal de la commune de Roost-Warendin, du 13 juin 1829.

« L'an 1829, le 13 juin, quatre heures de relevée, le Conseil

» municipal de la commune de Roost-Warendin, assemblé extra-
» ordinairement en vertu de la lettre de M. le Préfet, en date du 18
» mai dernier, et à laquelle assemblée assistaient les sieurs, etc, etc.

» Vu la lettre de M. le Préfet, en date du 18 mai 1829, relative-
» ment à la jouissance des marais partagés en vertu des Lettres-
» patentes de 1777;

» Vu l'arrêté de M. le Préfet, en date du 20 juillet 1813, qui
» astreint les aspirants à payer contribution, sans distinction de
» pauvre et de riche;

» Considérant que ce mode est vicieux, attendu que les marais
» ont été partagés afin de donner des moyens d'existence à ceux qui
» n'ont rien et qui conséquemment ne paient aucune contribution;

» Le Conseil estime, en conséquence, que l'art. 1er de l'Arrêté de
» M. le Préfet, du 20 juillet 1813, doit être modifié en ce qu'il porte
» qu'il faut être porté dans le rôle des contributions, et qu'il suffit de
» faire feu et ménage séparé, sans distinction de natif ou non natif.

» Ainsi fait et délibéré, les jours, mois et an susdits....»

(Suivent les signatures).

C'est toujours avec raison qu'un héritier d'une portion ménagère, de par la législation de 1779, bien qu'étranger, viendra réclamer son droit à succéder, surtout s'il invoque la loi du 14 juillet 1819, qui a admis les étrangers à *succéder* de la même manière que les Français dans toute l'étendue du territoire de l'État.

Suivant le caractère que l'on donnera à la législation de 1779, selon qu'on la considérera comme spéciale, ou comme devant fléchir, en présence des grands principes du droit commun, en matière de succession, on est porté à repousser, ou à admettre les enfants naturels, même reconnus, qui réclameront le droit à la portion délaissée par leur père ou par leur mère.

Déjà, la faveur peu méritée qui s'attache aux fruits malheureux du désordre a fait trop souvent regarder, en matière de recrutement, par les Conseils de révision, comme applicables aux enfants naturels, les dispenses qu'une loi morale n'a pu vouloir, suivant nous, accorder qu'aux enfants légitimes.

Nous ne pensons pas que l'on doive, à propos des portions ménagères, vacantes par le décès d'un portionnaire, appeler à la succession l'enfant qui ne procéderait pas du mariage. Qu'on veuille bien se rappeler que c'est en vue des ménages, des familles, pour le soulagement de ceux qui suivent les saintes lois sociales que les marais ont été partagés, en même temps que pour améliorer l'agriculture. Or, ne serait-ce pas aller trop formellement contre la volonté du législateur que de faire participer aux avantages d'une loi protectrice des familles les individus qui, suivant une énergique expression latine n'avaient — *nec genus, nec gentes* —.

Nous citerons en entier un Arrêté du Conseil de Préfecture du Nord, du 18 décembre 1846, qui nous paraît consacrer de sages principes.

« Considérant que les Lettres-patentes de 1779, en attribuant » les portions ménagères à l'aîné mâle de chaque famille, ou, à » son défaut, à l'aînée des femelles, a eu nécessairement en vue les » ménages réguliers, légaux, unis par les saintes lois du mariage, » et en dehors desquels il n'y a pas de famille;

» Qu'elles ont pu d'autant moins comprendre, parmi les béné- » ficiaires, les enfants illégitimes, que la législation générale, qui » régissait alors le pays, excluait de toute succession les enfants » naturels qui, suivant la maxime, *nec genus, nec gentem* » *habebant;*

» Considérant que, si la législation intermédiaire, exagérant les » droits de la nature a pu assimiler un instant les enfants naturels aux » enfants légitimes, dans l'ordre des successions (1); le Code Civil,

(1) Loi du 4 Juin 1793,— 12 Brumaire an II, 15 Thermidor an IV,— 14 Floréal an XI.

» par une sage combinaison des obligations naturelles avec les » exigences d'une société fondée sur la morale, a donné au droit » des enfants, nés hors mariage, sur les biens des parents, un caractère particulier qui ne permet pas de le faire rentrer dans les » dispositions des Lettres-patentes de 1779 ;

» Qu'en effet, aux termes de l'art. 756 du Code Civil, les enfants » naturels ne sont pas héritiers; qu'il ressort des discussions du » Conseil d'État qu'ils n'ont qu'une créance, qu'un *jus in re;*

» Considérant que la nature de ce droit ne permet pas au » réclamant d'être admis à jouir d'une portion ménagère, régie » par une législation spéciale, et attribuée par elle aux seuls aînés » des familles.

Arrête :

» La réclamation du sieur J... est rejetée.

» La portion délaissée par la veuve J... fera retour à la Communauté.

— 18 Décembre 1846. — »

L'attribution des portions ménagères, par la voie tracée par l'Arrêt de 1779, peut présenter d'autres difficultés. On a quelquefois demandé si, dans le cas de concours d'un enfant mâle avec ses sœurs aînées, le premier devait être préféré aux dernières. Cela me paraît hors de doute. L'esprit de l'Arrêt de 1779, conforme aux idées de l'époque, tendait à renfermer le *fief* dans la ligne masculine.

Cet Arrêt admet-il la représentation? On sait que ce moyen de succéder, interprété par les jurisconsultes Romains dans le sens de l'équité, plutôt que suivant le texte de la loi des Douze Tables, admis au moyen-âge, en 741, à la suite d'un combat judiciaire, ordonné par l'Empereur Othon, pour mettre d'accord les docteurs, repoussé depuis par quelques coutumes, a été défini par l'art. 739 du code civil—*une fiction de la loi dont l'effet est de faire entrer les représentants dans la place, dans le degré et dans les droits du représenté.*

Cette fiction s'étend-elle aux petits enfants des portionnaires, dont le père est décédé, de telle façon qu'ils l'emporteraient même sur la sœur aînée de leur père?

Plusieurs décisions du Conseil de Préfecture du Nord, et notamment un Arrêté du 30 novembre 1846, ont résolu la question négativement.

Guilain Vaflard, d'Auby, était mort laissant un petit-fils, né d'un fils décédé, et une fille, épouse de Vion, apportionnée; la portion de Vaflard était réclamée par le premier aspirant inscrit.

Le Conseil, « considérant qu'aux termes des Lettres-patentes de 1779, l'aîné mâle de chaque famille, et, à défaut, l'aînée des femelles, sont seuls admis à succéder aux parts qui viennent à échoir dans les portions ménagères, et qu'à leur défaut ces portions vacantes sont conférées aux premiers aspirants inscrits, évinça le petit-fils pour admettre l'aspirant qui figurait en tête du registre.

Il est probable qu'il eut accordé la portion de préférence à la fille, si déjà elle n'eut été pourvue.

Dans l'un comme dans l'autre cas, c'était suivre trop rigoureusement le texte des Lettres-patentes, et ne se pénétrer pas assez complètement de son esprit.

« Sur ce qui a été représenté au Roi, dit l'exposé de l'Arrêt de » 1779, qu'il était encore nécessaire de n'admettre, pour recueillir » les parts, que les seuls héritiers *en ligne directe*, et dans cette » ligne, l'aîné des enfants, afin d'obtenir des parts et, dans le cas où » il n'y aurait que des héritiers collatéraux, de faire retourner les » parts aux communautés, pour être assignées aux chefs de famille, » et parmi eux, aux plus anciennement domiciliés... S. M. a » ordonné et ordonne, etc., etc. »

Ne résulte t-il pas clairement de cet exposé, qui précéde l'Arrêt, que l'on a envisagé principalement la ligne directe, dans laquelle on a voulu perpétuer, autant que possible, la portion, ce qui, du reste, est parfaitement d'accord avec les idées du temps, et surtout avec la législation des fiefs.

Dans l'espèce ci-dessus, c'était, nous le croyons, au petit-fils que la portion devait être attribuée, et notre opinion serait la même dans l'hypothèse d'un concours avec un puiné.

Nous avons parlé au titre troisième de la question du droit de mutation, à l'occasion des portions ménagères.

C'est M. le Maire d'Auby qui a réclamé, le premier, dans l'intérêt de ses administrés ; dans une lettre, en date du 28 août 1818, adressée à M. Préfet du Nord, il a demandé pourquoi l'on percevait, depuis six à sept ans, un droit dont auparavant les portions ménagères étaient tout-à-fait exemptes, et il a fait ressortir l'inégalité de position que le fisc créait vis-à-vis des portionnaires, en exigeant un pour cent de celui qui héritait de son père, et cinq pour cent de celui qui prenait possession de la portion, comme plus ancien aspirant.

Le Préfet ayant renvoyé la lettre du Maire d'Auby au Directeur des Domaines, ce dernier écrivit, en mars 1819, à l'inspecteur de la division, à Douai, pour qu'il fit cesser la perception du droit, par décès, sur les portions ménagères des biens communaux.

A quelque titre que les possesseurs détiennent, ils doivent acquitter la contribution foncière.

Les marais, régis par la législation de 1779, sont ils soumis à l'impôt établi par le décret du 22 février 1849, sur les biens de main-morte ?

La raison de douter se tire de la nature transmissible de ces biens. Cet impôt, qualifié par le décret de — taxe représentative des droits de transmission entre vifs et par décès — suppose, dans les biens qui y sont soumis, une immobilité qui n'existe pas dans l'espèce.

Nous croyons qu'il serait plus régulier, plus conforme au véritable caractère des choses, de continuer à imposer la portion à chaque transmission héréditaire.

Titre Quatrième.

ARRÊTÉS PRÉFECTORAUX.

Nous avons examiné, jusqu'ici, les législations originelles de 1777 et de 1779;

Nous les avons interprétées en nous aidant de l'esprit qui avait présidé à leur promulgation; nous avons indiqué aussi, sommairement, les changements qui leur avaient été apportés par des dispositions postérieures, notamment par divers Arrêtés Préfectoraux; nous avons vu que les marais des communes des trois Châtellenies de Lille, Douai et Orchies, avaient été partagés en vertu d'un Arrêt du Conseil d'État du Roi, du 27 mars 1777, enregistré au Parlement de Flandre, avec les Lettres-patentes, le 14 novembre de la même année; nous avons vu également que les marais de l'Artois, régis par divers Arrêts de partage, avaient été définitivement réglementés par un Arrêt du Conseil du 25 février 1779.

Nous avons démontré l'existence légale de ces législations consacrées, d'une manière générale, par le décret du 4.e jour complémentaire de l'an XIII, et, spécialement, l'Arrêt de 1779, par un Arrêté des Consuls du 9 fructidor an X.

5

Nous avons fait ressortir les différences essentielles entre les deux modes de jouissance, et établi, par la doctrine et la jurisprudence, la compétence des Conseils de Préfecture, pour les questions que peut soulever l'attribution des portions ménagères.

Il ne nous reste plus qu'à apprécier la légalité des Arrêtés Préfectoraux, qui ont modifié si profondément d'anciens Arrêts, jusque-là purs de toute atteinte, bien qu'ils eussent traversé la période révolutionnaire.

Nous l'avons dit : le défaut d'harmonie qui existe entre le principe des législations antérieures à la Révolution et le principe du Code Civil, issu de cette même Révolution, a été signalé . à la mort des habitants primitivement pourvus, quand il s'est agi de leur donner des successeurs.

Fallait-il attribuer les lots vacants, d'après les règles contemporaines des partages, au risque de heurter les doctrines nouvelles ? Fallait-il, au contraire, au risque de méconnaître les intentions du législateur, suivre, pour la collation de ces portions, les dispositions de nos lois modernes, plus conformes à l'égalité ?

On pouvait, dès ce moment, trancher dans le vif; ou déclarer qu'à la mort du détenteur, les portions retourneraient libres à la commune qui en aurait eu désormais la pleine jouissance, ou proclamer, dans un intérêt d'ordre public, et jusqu'à la révision complète de la législation des partages, que les Arrêts du Conseil, sur cette matière, continueraient à produire effet.

On a préféré prendre un terme moyen. On a cherché, suivant l'expression du Ministre de l'Intérieur, à *harmoniser* les deux législations; au lieu d'établir l'harmonie, on a créé le chaos.

Remarquons qu'il n'est intervenu aucune disposition législative ; c'est aux Préfets que l'on a remis le soin de réglementer ce sujet délicat.

Le Préfet du Nord a rendu deux Arrêtés qui, tous deux, ont été approuvés par des Ordonnances Royales.

Par le premier, en date du 20 juillet 1813, approuvé le 3 août suivant, il abroge la condition de la naissance dans la commune, imposée par les Lettres-patentes de 1777, à l'habitant qui veut jouir d'une part de marais, et il crée une condition nouvelle, celle de payer une contribution; il ouvre un droit aux *ménages* autres que ceux des époux, et réglemente pour les biens partagés, tant en vertu des Lettres-patentes de 1777, qu'en vertu *des Lettres-patentes de* 1779, les formalités d'aspirance et d'envoi en possession.

Par le second Arrêté, en date du 12 mars 1830, approuvé le 7 janvier 1831, le Préfet renonce à son exigence relativement à la contribution, et impose une condition à laquelle n'avaient songé ni les Lettres-patentes précitées, ni l'Arrêté de 1813: la condition d'être Français ou naturalisé.

Les autres dispositions de ce dernier Arrêté sont maintenues, sauf celles reprises aux articles 2 (qui fait juger, d'après le texte des Lettres-patentes du 1777, les questions qui ont pour objet des mises en possession antérieures à l'Arrêté de 1813), 18 (qui dépossède le détenteur qui serait convaincu de négliger, pendant trois années, la culture de la portion qui lui aurait été assignée), et 23, 24, 25, 26 et 27 relatifs aux biens partagés d'après *les Lettres-patentes de* 1779.

Nous nous demandons jusqu'à quel point ces Arrêtés ont pu modifier légalement les dispositions si précises des Arrêts du Conseil.

En discutant, dans le titre précédent, l'Arrêt du 13 décembre 1845 (affaire Savreda), nous avons fait connaître sur quel argument s'appuie le Ministre, pour donner aux actes du Gouvernement le droit de modifier les anciens Arrêts en matière de partage; il considère les Lettres-patentes comme des réglements de mode de jouissance qui, aux termes du décret du 9 brumaire an XIII, peuvent toujours être modifiés, sur la demande des Conseils Municipaux, par des actes du gouvernement.

A supposer que l'Arrêt de 1777 ne fût qu'un simple réglement de partage, nous aurions encore à examiner si le décret du 9 brumaire autorise suffisamment les graves modifications introduites par les Arrêtés Préfectoraux.

Nous voyons, dans ce dernier décret, que « les communautés d'habitants qui, n'ayant pas profité du bénéfice de la loi du 10 juin 1793, relative au partage des biens communaux, ont conservé, après la publication de cette loi, le mode de jouissance de leurs biens communaux, continueront de jouir de la même manière desdits biens; »

« Que ce mode ne pourra être changé que par un décret impérial, rendu sur la demande des Conseils municipaux, etc., etc. »

En quoi ce décret qui admet les habitants, en jouissance indivise de leurs communaux, à modifier leur jouissance, d'après certaines règles, peut-il s'appliquer aux communautés qui, avant 1793, avaient partagé une certaine espèce de biens, en vertu d'actes de l'autorité de l'époque, ultérieurement consacrés par la législation nouvelle.

Mais est-il vrai que l'Arrêt du Conseil de 1777 ne soit qu'un simple réglement de partage ? Sous l'ancienne législation, les Arrêts du Conseil avaient divers caractères, une autorité plus ou moins grande : toutefois, l'on sait que lorsqu'ils étaient revêtus de Lettres-patentes, enregistrées dans les Cours, ils avaient force de loi (1); à ce titre encore, l'Arrêt de 1777, enregistré au Parlement de Flandre, avec les Lettres-patentes, le 14 novembre de la même année, défierait les Arrêtés Préfectoraux.

Voilà ce qu'on pourrait, peut-être, opposer pour maintenir dans son intégrité l'Arrêt de 1777, spécial aux trois Châtellenies.

Quant à l'Arrêt du 25 février 1779, nous n'avons pas pu vérifier s'il avait été revêtu de Lettres-patentes, enregistrées au Parlement de Paris, où le Conseil supérieur d'Artois, souverain au criminel, ressortissait pour les affaires civiles.

---

(1) Paillet, introduction au manuel complémentaire des codes français.

Nous sommes portés à croire que cet Arrêt n'est qu'un acte de l'autorité Royale, interprêtant, le Conseil entendu, les dispositions abusivement exécutées d'Arrêts antérieurs, relatifs à certaines communautés. Quoi qu'il en soit, nous ne pensons pas que, plus que l'Arrêt de 1777, il ait pu subir des modifications dans les quelques localités de notre département où, par suite de remaniements de territoire, il se trouve encore applicable. Si, en admettant le système qui permet aux actes du gouvernement, en matière de partage, de déroger à ce qu'on appelle les anciens réglements, il faut toujours suivre les formalités indiquées par la nouvelle législation, notamment consulter les Conseils municipaux, premiers juges de l'opportunité et de la convenance des changements à apporter à l'état actuel des choses, nous ne voyons pas que l'Arrêt du 20 juillet 1813, le seul qui vise l'Arrêt de 1779, ait rempli, à cet égard, les prescriptions de la loi de Brumaire an XIII.

En nous reportant à l'Arrêté de 1830, nous trouvons bien la mention des délibérations spéciales de trente-deux communes, qui ont été appelées par une lettre du Préfet, en date du 18 mai 1829, à exprimer des vœux sur les modifications dont serait susceptible la législation des partages, mais il ne ressort, ni de ces délibérations, ni de l'Arrêté rendu en conséquence, ni de l'ordonnance qui l'approuve que l'Arrêt du Conseil de 1779 ait été, dans aucune de ses dispositions, l'objet d'un examen ou d'un vœu.

Il y a plus ; tout ce qui concernait cette dernière législation a disparu du dernier Arrêté.

Que conclure de là ? Que si, dans le département du Nord, la législation de de 1779 règne encore quelque part, elle doit régner pure et intacte comme à son origine.

Après ces Arrêtés qui concernaient l'un les trois Châtellenies, l'autre, trente-deux communes du département, sont venus deux Arrêtés spéciaux aux communes qui les sollicitaient.

L'Arrêté général de 1830 n'accordait aux détenteurs qu'une

jouissance viagère ; les habitants d'Ennevelin ont invoqué une délibération du Conseil municipal du 25 pluviose an X, portant que les portions continueraient d'être affectées à chaque ménage, jusqu'à extinction en ligne directe, pour être ensuite assignées aux plus anciens domiciliés à feu et ménage particuliers. Ce n'était rien moins, on le voit, que la législation de 1779 entée sur celle de 1777. Par un Arrêté du 11 mars 1831, le Préfet a fait droit à la réclamation des habitants d'Ennevelin, de sorte qu'aujourd'hui, ce n'est, d'une manière absolue, ni l'Arrêt de 1777, ni celui du Conseil de 1779, ni l'Arrêté de 1813, ni l'Arrêté de 1830 qui règle les partages dans cette commune, c'est une combinaison de dispositions empruntées à diverses législations, et souvent fort difficiles à concilier.

Plus tard, un sieur Pinchon, d'Allennes-lez-Marais, ayant réclamé contre le mode suivi dans la commune, et qui consistait à attribuer les portions suivant les dispositions de l'Arrêt de 1779, au lieu de suivre les errements des Lettres-patentes de 1777, sous l'empire desquelles le partage aurait eu lieu, on procéda à une enquête administrative, dont le résultat fut que l'usage, suivi depuis 1780, admettait les enfants, considérés comme formant un ménage, à jouir, après la mort de leur père et mère, des portions qui, même, restaient au dernier de ces enfants qui ne quittait pas la communauté.

Un Arrêté du 20 février 1832 vint sanctionner cet usage pour Allennes-lez-Marais.

Quand on voit cette incertitude dans la législation, cette facilité à prendre des Arrêtés spéciaux, dépourvus de toute sanction ministérielle, quand on songe à l'ignorance où sont de leurs droits, sur ces matières, les habitants des campagnes, quand on sait combien l'intérêt personnel est peu scrupuleux dans l'emploi des moyens d'influence, surtout dans les petites localités, on est inpatient de voir enfin réglementer, sinon d'une manière uniforme, du moins d'une façon légale, une législation qui peut prêter à tant d'abus.

Nous ne dissimulons pas notre sympathie pour ces collations

de terrains qui procurent aux classes pauvres des villages un travail honorable et utile, mais nous savons aussi faire la part des temps et des circonstances; dans beaucoup de Communes, la population, attirée par les établissements industriels, s'est augmentée dans une proportion si considérable que les portions ménagères sont devenues insuffisantes pour le nombre incessamment accru des aspirants, et qu'une grande partie des familles doit désespérer de les obtenir jamais. Il y a là une inégalité choquante qu'il est urgent de faire cesser. Si l'égalité des avantages doit régner quelque part, c'est là où les charges sont les mêmes. Dans l'impossibilité de proportionner le nombre limité des portions au nombre des ménages, il faut aviser aux moyens de tirer de ces portions un revenu qui se répartisse plus équitablement; la location de ces portions, faite de préférence aux détenteurs, à un prix plus en rapport avec le produit qu'elles donnent, fournirait à la caisse communale des ressources qui, dans les mains d'une sage administration, tourneraient au profit de tous les habitants.

Mais, encore une fois, nous croyons qu'une loi seule peut amener ce résultat.

Titre Cinquième.

TABLEAU

DES COMMUNES DES ARRONDISSEMENTS

DE LILLE ET DE DOUAI,

PROPRIÉTAIRES DE PORTIONS MÉNAGERES.

DÉSIGNATION **des communes**. (*)	ARRONDISSEMENT.	LÉGISLATION.	OBSERVATIONS PARTICULIÈRES.
* ALLENNES-LEZ-MARAIS....	LILLE.	Arrêté spécial du 20 Février 1832.	Allennes partage, le 13 juin 1741, ses marais communs avec Annœulin, Provin, Bauvin et Sainghin. On ne retrouve pas l'acte de partage intervenu entre les habitants. Le Conseil municipal demande, en 1829, que les portions vacantes soient concédées aux enfants des derniers détenteurs; il repousse la condition de contribution, imposée par l'Arrêté de 1813.
* ANHIERS...............	DOUAI.	1777	En 1829, le Conseil municipal demande qu'on soit né dans la commune pour jouir d'une portion, et repousse la contribution.
* ANNAPPES..............	LILLE.	1777	Partage ses marais indivis avec Gondecourt, Ascq, Forest et Willems, les 15 juin et 10 septembre 1774.
* ANNOEULIN.............	LILLE.	1779	Annœulin partage, le 13 juin 1741, les marais possédés indivisement avec les quatre communes citées plus haut. Le partage par habitant a été opéré le 12 novembre 1791. Le village d'Annœulin et ses marais faisaient-ils partie de la Flandre et de la Châtellenie de Lille, ou dépendaient-ils du comté d'Artois? Cette question qui, à l'heure qu'il est, peut encore présenter quelqu'importance, à raison de la différence qui existe entre les législations de 1777 et de 1779, spéciales à chacune de ces provinces, a offert, à une certaine époque, assez de gravité pour qu'on qualifiât le débat qu'elle soulevait de CAUSE MAJEURE ET QUESTION DE DROIT PUBLIC. Voici à quelle occasion: les villages d'Annœulin, Bauvin, Ennevelin, Mons-en-Pévèle et Provin, bien que soumis pour le gouvernement des finances à la Châtellenie de Lille, et compris, pour cette raison, dans les assiettes faites par les aides de la Châtellenie, ressortissaient pour la juridiction ordinaire, à la Salle Abbatiales de St.-Vaast, d'Arras. De là, le conflit entre les deux Provinces, conflit qui remonte à 1449. En 1661, après la paix des Pyrénées, ces villages furent dévolus à l'Artois, mais, sur leurs réclamations énergiques, le Roi qui, suivant les termes de son ordonnance, *voulait traiter favorablement les états de Lille*, rendit, le 18 avril 1669, ces mêmes villages à la châtellenie. Cet assujettissement momentané à l'Artois explique, peut-être, comment la législation de 1779 s'est établie par l'usage dans la commune. Annœulin réclame, en 1849, le maintien de cette dernière législation.

(*) Les communes dont le nom est précédé d'un astérique sont celles qui ont été invitées par le Préfet, en 1829, à fournir leurs observations sur les modifications à apporter à l'arrêté de 1813.

DÉSIGNATION des communes.	ARRONDISSEMENT.	LÉGISLATION.	OBSERVATIONS PARTICULIÈRES.
* ANSTAING	LILLE.	1777	Réclame, en 1829, contre la contribution imposée par l'Arrêté de 1813; demande qu'on n'accorde les portions qu'aux habitants Français ou naturalisés.
* ASCQ	IDEM.	1777	Partage des 13 juin et 10 septembre 1774. Délibération de 1829 contraire à la contribution et favorable à la faculté de louer la portion pour 9 ans.
AUBY	DOUAI.	1779	C'est la demande du Maire d'Auby, en 1819, qui amena l'exemption du droit de mutation, à la mort du détenteur des portions ménagères.
AUCHY	DOUAI.	1777	Voir *Bouvignies*.
* BAISIEUX	LILLE.	1777	Délibération de 1829 contraire à la contribution.
* BAUVIN	IDEM.	1777	Idem. Voir *Allennes-lez-Marais et Annœulin*.
BOURGHELLES	IDEM.	1777	
BOUVIGNIES	DOUAI.	1777	Un des six villages auxquels la comtesse Marguerite de Flandres donna, en 1244, le marais de Flines, dit *des Six Villes*. Ces villages étaient, avec Bouvignies, Orchies, Coutiches, Auchy, Flines et Raches.
* BOUVINES	LILLE.	1777	Délibération de 1829 contraire à la contribution.
* CAMPHIN-EN-CAREMBAULT	IDEM.	1777	Délibération contraire à la contribution, mais exigeant la naissance dans la commune, ou une résidence d'un certain temps; le Conseil municipal demande que l'on suive la législation de 1779.
* CARNIN	IDEM.	1777	
* CHÉRENG	IDEM.	1777	Même délibération qu'Anstaing.
COUTICHES	DOUAI.	1777	Voir *Bouvignies*.
CYSOING	IDEM.	1777	Partage définitivement ses marais en vertu de la loi du 10 juin 1793, ses habitants portionnaires sont devenus propriétaires incommutables.

DÉSIGNATION **des communes.**	ARRONDISSEMENT.	LÉGISLATION.	OBSERVATIONS PARTICULIÈRES.
EMMERIN	LILLE.	1777	Le 19 août 1699, pour satisfaire à l'Arrêt de S. M., du 8 octobre 1697, Guillaume Heddebault, lieutenant d'hommes du fief d'Emmerin, fait la déclaration des usages dont la commune jouissait, sur les marais ainsi que de tous autres droits. Le 4 avril 1752, Emmerin partage ses marais indivis avec Haubourdin. Le 12 juillet 1791, tirage au sort des portions entre les habitants.
* ENNEVELIN	IDEM.	Arrêté spécial du 11 Mars 1831.	Voir *Annœulin*.
FERIN	DOUAI.	1777	»
* FLERS	LILLE.	1777	Contraire à la contribution, repousse les étrangers, à moins que leurs fils n'aient satisfait à la loi du recrutement.
FLINES	DOUAI.	1777	Voir *Bouvignies*; partage le marais des *Six Villes* avec ses co-propriétaires, le 27 juillet 1731.
* FOREST	LILLE.	1777	Voir *Annappes*. Forest repousse les étrangers, la condition du paiement d'une contribution; exige qu'on soit né dans la commune.
* FRETIN	IDEM.	1777	En 1818, les habitants de Fretin se plaignent de ce qu'on leur applique la législation de 1777, alors qu'ils devraient être régis par celle de 1779. L'acte de partage a été perdu à la suite de l'invasion d'un corps d'armée ennemi qui a détruit les archives, mais le Conseil municipal se rappelle que le partage avait eu lieu en 1793, d'après les Lettres-patentes de 1779. La délibération du 4 octobre 1829 ne vise comme applicables que les Lettres-patentes de 1777. En 1829, Fretin adopte dans son entier l'Arrêté de 1813, sauf la condition de la contribution.
* GONDECOURT............	LILLE.	1777	Partage du 15 juin 1774. Voir *Annappes*.— En 1849, même délibération que Fretin.
* GRUSON	IDEM.	1777	Même délibération qu'Anstaing.

DÉSIGNATION des communes.	ARRONDISSEMENT.	LÉGISLATION.	OBSERVATIONS PARTICULIÈRES.
* HERRIN	IDEM.	1777	Adopte l'Arrêté de 1813, sauf la condition de la contribution.
* HOUPLIN	IDEM.	1777	Réclame l'exécution du mode prescrit par les Lettres-patentes de 1777.
* LALLAING	DOUAI.	1777	Entre postérieurement pour un septième dans la donation du marais des *Six Villes* faite, en 1244, aux communes de Bouvignies, Flines, Raches, Coutiches, Auchy, Orchies. En 1829, même délibération que *Anhiers*.
LAUWIN-PLANQUE	IDEM.	1777	»
* LOUVIL	LILLE.	1777	S'en réfère à la stricte exécution des Lettres-patentes de 1777.
* PÉRONNE	IDEM.	1777	Adopte l'Arrêté de 1813, à l'exception de la condition de contribution.
* PROVIN	IDEM.	1777	Id. Voir *Allennes-lez-Marais et Annœulin*.
* RACHES	DOUAI.	1777	Voir *Bouvignies et Flines*. — En 1829, repousse la contribution.
* ROOST-WARENDIN	DOUAI.	1779	Warendin qui partage ses marais, en 1780, est régi, jusqu'en 1787, par les Lettres-patentes de 1777. En 1789, Warendin, qui faisait partie de Raches, est détaché de cette commune pour être réuni à Roost, dépendant de l'ancien Artois. C'est depuis cette époque que la législation de 1779 a prévalu dans la commune de Roost-Warendin. En 1849, Roost-Warendin se borne à repousser la condition de la contribution.
* SAINGHIN-EN-MÉLANTOIS	LILLE.	1777	Voir *Allennes-lez-Marais*; délibération de 1829 contraire à la contribution.

DÉSIGNATION des communes.	ARRONDISSEMENT.	LÉGISLATION.	OBSERVATIONS PARTICULIÈRES.
SIN-LE-NOBLE	DOUAI.	1777	Résiste au partage du marais en 1786 ; il faut, pour l'y contraindre, une Ordonnance du Roi rendue en 1787.
* SALOMÉ	LILLE.	1777	La délibération du 23 novembre 1829 signale longuement les vices du mode de partage des Lettres-patentes de 1777 ; elle se résume en exigeant les conditions suivantes de l'aspirant aux portions ménagères : 1.° Être habitant, depuis une année révolue, à Salomé ; 2.° Y posséder une maison en propriété ou occupée par l'effet d'un bail de 9 ans, avec feu et ménage particuliers ; 3.° Y payer imposition foncière, personnelle, mobilière et des portes et fenêtres, au moins pendant un an ; 4.° Défense de bâtir sur les portions ménagères.
SARS ROSIÈRES..........	DOUAI.	1777	Même opposition qu'à *Sin-le-Noble*.
* TRESSIN	LILLE.	1777	Délibération contraire à la contribution.
* VRED	DOUAI.	1777	Id.
WARLAING..............	IDEM.	1777	Question de la portion du Curé. (Voir aux textes.)
* WAVRIN	LILLE.	1777	Délibération contraire à la contribution.
* WAZIERS..............	DOUAI.	1777	Id.
* WILLEMS..............	LILLE.	1777	Voir *Annappes* ; demande qu'on n'admette pas les étrangers, et qu'on dépossède ceux qui ne paient pas les impôts.

Titre Sixième.

TEXTES.

I.

Lettres-Patentes *réglant la distribution et la jouissance des portions ménagères dans les trois Châtellenies de Lille, Douai et Orchies.*

(27 Mars 1777.)

Extrait des registres du Conseil d'État du Roi.

Sur la Requête présentée au Roi, en son Conseil, par les Grands-Baillis des quatre Seigneurs Hauts-Justiciers, représentans les États de la Flandre Wallonne, contenant que plus le Gouvernement fixe son attention sur l'objet essentiel des défrichemens et de la culture des terres, plus il semble que les Particuliers Habitans de la Flandre Wallonne affectent de laisser en friche, ou même de dégrader, par le tourbage, cette portion précieuse de marais, possédée par un grand nombre de Communautés, faisant partie des trois Châtellenies de Lille, Douay et Orchies. Le tourbage est sans doute une ressource pour cette Province où il y a peu de bois; mais, outre que plusieurs de ces marais pourraient être employés à des plantations ou à quelque autre culture productive, et devenir, par-là, infiniment plus utiles qu'ils ne peuvent l'être dans leur destination actuelle, c'est que, d'ailleurs, le plus grand nombre des Habitans de toutes ces Paroisses bornent leurs travaux à la seule occupation momentanée du tourbage, dégradent toutes les terres, en épuisent ou en enlèvent même la substance, et se refusent à tout autre travail qui exigeroit de leur part une activité continuelle. Il est toutefois évident que la culture offre le plus grand avantage que les Communautés puissent retirer du sol des marais et communes, soit pour payer leurs dettes, soit pour fournir à leurs charges annuelles, soit pour se procurer à chacun en particulier des travaux, des exploitations et des récoltes qui leur assureroient une aisance dont elles ne jouissent pas. On remarque, en effet, que les Communautés qui ont le plus de marais, sont précisément celles qui rassemblent le plus grand nombre de pauvres. Plusieurs de ces Communautés, telles que Gondecourt, Willems, Annapes, Asq et Forêt, ont reconnu ces abus, et se sont conciliées d'elles-mêmes, pour faire entr'elles le partage de leurs marais, afin que chacun des membres pût y trouver un avantage particulier, indépendamment du bien général; et Sa Majesté les y a autorisées, par Arrêts des 15 juin et 10 Septembre 1774 : mais, comme dans le plus grand nombre des autres, il s'en trouveroit très-peu qui se portassent d'elles-mêmes à agir aussi sagement, les Supplians qui sont chargés par état de veiller et travailler au plus grand avantage de la Province, et qui sont intimément convaincus du bien général qui en résulteroit pour elle, pour tous ceux qui l'habitent, et pour l'État en général, se portent aujourd'hui à supplier très-humblement Sa Majesté, de vouloir bien user de son Autorité Souveraine, pour obliger toutes ces Communautés à faire, chacune entr'elles, le partage de leurs marais, afin que chaque Habitant puisse défricher et faire valoir, comme sa propre chose, la portion qui lui sera échue en partage, prélévement fait néanmoins du tiers qui pourroit appartenir au Seigneur dans chaque Paroisse, des portions pour lesquelles d'autres auroient des titres, et de ce qui devroit rester en commun, pour le pâturage, ou être, soit loué à tems, soit aliéné à longues années, pour le profit général de la Communauté : ce sont les seules vûes du bien public et de ces Communautés qui excitent le zèle et la démarche des Supplians. Requeroient a ces Causes les Supplians, qu'il plût à Sa Majesté ordonner, *(le reste de la requête omis, comme faisant double emploi avec le dispositif qui la reproduit textuellement)*.

Vû ladite requête signée ensemble l'avis du Sr Intendant et Commissaire départi en la Généralité de Lille ; ouï le rapport, le Roi étant en son Conseil, a ordonné et ordonne ce qui suit :

ARTICLE PREMIER.

Toutes les terres, prés, marais, landes ou friches, appartenans aux Communautés d'Habitans des Châtellenies de Lille, Douay et Orchies, soit à plusieurs d'entre elles en commun, soit à chacune d'elles, seront partagés entre tous les ménages existans par feux, sans distinction d'état, c'est-à-dire, de mariage, de viduité et de célibat, et par portions égales, prélévement fait néanmoins du tiers de la totalité desdits prés, marais et pâturages, qui devra appartenir aux Seigneurs, soit que la concession de l'usage en ait été faite gratuitement ou à titre onéreux, à moins que les Habitans desdites Communautés ne justifient par titre, pardevant les juges qui en doivent connoître, de l'acquisition de la propriété qu'ils en ont faite, ou qu'ils les tiennent d'autres Seigneurs ; comme aussi prélévement fait, dans lesdits prés, marais et pâturages restans aux Habitans, des portions qu'il sera nécessaire de donner à bail, même d'aliéner pour certain temps, à l'effet de payer les dettes de celles desdites Communautés qui s'en trouveront chargées.

ARTICLE II.

Les Seigneurs ne seront admis à prélever le tiers avant le pâturage, qu'à la charge par eux de renoncer aux cens, redevances, droits de plantations, et tous autres qui pourroient être dûs pour raison de la concession desdits marais ; le tout néanmoins sans que lesdits Seigneurs puissent être forcés à l'abandon desdits droits, qu'ils pourront conserver en renonçant au triage ; dérogeant sur ce point de toutes Loix à ce contraires.

ARTICLE III.

Avant de procéder au partage desdits marais, toutes les Communautés qui justifieront y avoir droit, soit comme propriétaires, soit comme usagère, ou à tous autres titres, reconnus à l'amiable comme suffisans par les Communautés co-partageantes, ou jugés pour tels, en cas de difficultés, par les juges ordinaires, seront tenues de fournir au S[r]. Intendant Commissaire départi en Flandre et Artois, ou à son Subdélégué du Département, un état arrêté dans une assemblée générale, des dettes de chacune desdites Communautés, ainsi que de leurs charges ordinaires, à l'effet de prélever sur lesdits marais, en raison de leurs droits respectifs, la quantité qu'il sera nécessaire d'affermer ou même d'aliéner à temps, tels que de vingt-cinq, trente-cinq ou quarante-cinq ans, pour, du produit d'iceux, payer lesdites dettes et subvenir auxdites charges. Ordonne Sa Majesté au surplus, que les marais, dont la propriété formera l'objet d'un litige, seront et demeureront au même état jusqu'au jugement définitif de chaque contestation ; faisant très-expresses inhibitions et défenses aux Habitans d'entreprendre sur lesdits marais, avant l'opération du partage, aucun défrichement ni tourbage, à peine de cinq cents livres d'amende pour chaque contravention, laquelle sera payée, suivant l'usage, par les principaux occupeurs, sauf leur recours tel que de raison ; à moins que sur la dénonciation des coupables, le Commissaire départi ne puisse les condamner personnellement au paiement de ladite amende.

ARTICLE IV.

Pareillement, avant de procéder au partage, ordonne Sa Majesté, que par tels Arpenteurs royaux qui seront nommés par les Communautés, ou à leur défaut par ledit S[r]. Intendant, il sera fait mesurage particulier de chacun desdits marais, en présence des Gens de Loix de chaque Paroisse, ou eux duement appellés, même dressé plans figuratifs d'iceux, aux frais de chacune desdites Communautés, dans lesquels plans et procès-verbaux d'arpentage seront désignées la nature et qualité, en même-temps que la quotité ou étendue de chacun desdits marais.

ARTICLE V.

Lors du mesurage, chaque marais sera divisé en trois portions égales, dont l'une sera tirée au sort par le Seigneur duement appellé à cet effet, ou, en son absence, par telle autre personne qu'il aura nommée pour le représenter; laquelle portion appartiendra au Seigneur pour son droit de triage s'il a lieu, et les deux autres resteront à la Communauté, pour être partagées entre les Habitans, après néanmoins les autres prélévemens ci-dessus indiqués : Veut Sa Majesté, que lesdits défrichemens et partages soient faits et parachevés en dedans l'année de l'enregistrement et publication du présent Arrêt, et, à faute d'y avoir satisfait par quelques-unes desdites Communautés, qu'il y soit procédé par le Commissaire départi dans la Province. »

ARTICLE VI.

Il sera fait dans chaque Communauté un rôle de tous les ménages ou feux d'icelles, dans lequel seront compris tous ceux qui y demeureront actuellement, soit gens mariés, veufs ou veuves, garçons ou filles, ayant ménage ou feu particulier : Ce rôle sera arrêté et signé par les Gens de Loi, visé par le S[r]. Intendant ou son Subdélégué et remis à l'Arpenteur, afin que, dans son procès-verbal de mesurage, il forme autant de parts et portions qu'il y aura de feux ou ménages dans la Communauté; bien entendu que pour former chaque portion, il se conformera à la nature du terrein, en sorte que le produit puisse en être à peu près égal ; ce qui sera fait en présence des Gens de Loi et de quatre des principaux Habitans, ou eux duement appellés ; après quoi toutes ces portions qui auront été numérotées dans son procès-verbal et même dans son plan, seront tirées au sort dans une assemblée générale, par chaque ménage, pour en jouir jusqu'au décès du dernier vivant, du mari et de la femme, sans qu'aucun feu ou ménage puisse jouir de deux portions.

ARTICLE VII.

PERSONNE ne pouvant jouir de deux portions à la fois, si deux Portionnaires viennent à se marier ensemble, ils seront tenus d'en abandonner une à leur choix.

ARTICLE VIII.

COMME ces portions de marais sont singulièrement affectées aux feux ou ménages de chaque Paroisse, pour les aider et soutenir, dès que le dernier survivant, du mari ou de la femme, sera décédé, ces portions passeront à d'autres ménages qui n'en auront pas encore été pourvûs, toujours dans l'ordre de l'ancienneté; bien entendu que s'il en survenoit de surnuméraires, elles seroient louées au profit de la Communauté, jusqu'à ce qu'il s'y trouvât des ménages pour les réclamer.

ARTICLE IX.

SI le nombre des feux augmente, les feux ou ménages surnuméraires, pour parvenir à une portion, devront attendre qu'il y en ait une vacante, et n'en seront pourvûs que par rang d'ancienneté d'établissement en ménage particulier : Si, au contraire, le nombre des feux vient à diminuer, les portions surnuméraires seront louées au profit de la Communauté, mais pour trois ans seulement, afin que les nouveaux feux qui pourront s'établir, ne soient pas dans le cas d'attendre plus long-tems, pour être portionnés comme les autres.

ARTICLE X.

Pour succéder à l'avenir aux portions ménagères qui viendront à vaquer dans chaque Communauté, il faudra être natif de ladite Communauté, ou avoir épousé une fille ou veuve qui en soit native, et y demeurer avec elle.

ARTICLE XI.

Pour prévenir les difficultés qui pourroient survenir entre les Prédécesseurs et leurs héritiers, d'une part, et les Successeurs en occupations des portions ménagères, d'autre part, ceux-ci, en succédant à ceux-là, devront leur faire raison au dire d'Experts, régle de Fermiers, de ce dont la terre se trouvera avêtie, ainsi que des fers, semences, graisses et amendices, et s'il y échet, des séves et rejets.

ARTICLE XII.

Chaque Ménager ou Portionnaire sera tenu de mettre en valeur sa portion, de la manière la plus convenable à son terrein, dés la première année que le délaissement lui en aura été fait; et au cas qu'il ait laissé passer trois années, sans l'avoir mise en culture, ou même sans l'y avoir entretenue, quoiqu'il en ait payé le cens, il en demeurera privé de plein droit, et ladite portion sera assignée à un autre ménage qui n'en auroit pas, ou affermée au profit de la Communauté.

ARTICLE XIII.

Défend Sa Majesté, à toutes personnes, sous peine de trois cens livres d'amende, qui sera encourue par la notification à chaque Communauté, du présent Arrêt, d'extraire dorénavant des marais aucune espèce de chauffage, soit tourbes, hots, molingues ou palées, soit plaquettes ou gazons ; et afin d'y suppléer pour l'avenir, enjoint Sa Majesté, à chaque Particulier, de planter en bois les lisiéres de leurs portions, autant que faire se pourra, et à chaque Communauté de planter pareillement en bois, les portions qui leur resteront en commun, et qui pourront en être susceptibles.

ARTICLE XIV.

Et afin que chaque Communauté trouve d'ailleurs dans ses marais, quoiqu'ainsi partagés, une ressource pour ses charges communes, ordinaires et extraordinaires, chaque Portionnaire, sans exception, sera tenu de payer, par forme de rente foncière ou de cens, franc et net argent, à la Communauté, à raison d'un demi havot de bled froment au cent de terre par an, sur le pied de la prisée de la St. Remy de l'espier de Lille, de Douay et d'Orchies, selon la situation des terreins dans chacune desdites Châtellenies; et faute de paiement d'une année de ladite redevance, ledit cens sera pris sur les fruits de l'année suivante, qui seront enlevés à cet effet, sans aucune sommation ni formalité de justice.

ARTICLE XV.

Si, lors de l'arpentage, il se trouvoit dans ces marais, des cantons qui ne fussent pas susceptibles d'être aisément partagés ou mis en culture, soit à cause des eaux qui les couvrent, soit par leur stérilité naturelle, ils seroient laissés en commun et en pâtis, ou bien convertis en étangs ou plantis en bois, ou autrement, au profit de la Communauté, ainsi que du Seigneur pour son tiers, s'il n'y a point été pourvû d'ailleurs.

ARTICLE XVI.

La faculté de planter le long et sur les bords des fossés, que chaque Communauté aura fait faire, n'appartiendra qu'à elle seule;

et, en conséquence, elle jouira privativement des séves et rejets des arbres qu'elle pourra faire abattre quand il lui plaira, et remplacer par d'autres, sans dédommagement auxdits occupeurs ou possesseurs.

ARTICLE XVII.

Les chemins et les fossés que chaque Communauté a fait faire, et ceux qu'elle pourroit trouver à propos de faire, soit pour la facilité et communication, soit pour l'écoulement des eaux, seront entretenus par les riverains occupeurs, tant à titre de portions ménagères, qu'en bail, lesquels seront tenus d'entretenir les uns et les autres en largeur, bourbage, régalement, pente, talus et profondeur, en si bon état, que les premiers soient praticables en tous tems, et que les seconds ne retardent ni n'interceptent en aucun tems l'écoulement des eaux.

ARTICLE XVIII.

Et pour indemniser ces Habitans des peines et frais de défrichement des portions assignées à chacun d'eux, et les encourager à les mettre et les tenir dans la plus grande valeur possible, ordonne Sa Majesté, qu'ils jouiront des exemptions portées par la Déclaration du 13 Août 1766 et les subséquentes; les dispensant, à cet effet, de toutes les formalités prescrites par lesdites Déclarations.

ARTICLE XIX.

Ordonne au surplus Sa Majesté, que le présent Arrêt sera exécuté, nonobstant toutes oppositions et empêchemens quelconques, pour lesquels ne sera différé, et que ledit S[r]. Intendant Commissaire départi en Flandres et Artois, tiendra la main à son exécution pour toutes les opérations ci-dessus, qui seront faites en sa présence ou des Subdélègués par lui dénommés à cet effet: excepte toutefois Sa Majesté de ladite attribution au Commissaire départi, toutes les questions de propriété, qui seront renvoyées pardevant les juges ordinaires, pour y être par eux statué ainsi qu'il appartiendra : Ordonne SA MAJESTÉ, que toutes Lettres-Patentes seront expédiées sur le présent Arrêt. Fait au Conseil d'État du Roi, SA MAJESTÉ y étant, tenu à Versailles le vingt-sept Mars mil sept cent soixante-dix-sept.

Signé, le Prince DE MONTBAREY.

Lû et publié l'audience tenant, avec les Lettres-Patentes jointes, cejourd'hui, 14 Novembre 1777, et enregistré au Greffe de la Cour de Parlement de Flandre, ouï, et ce requérant le Procureur-Général du Roi en icelle, pour être exécutés selon leur forme et teneur, et copies d'iceux envoyées aux Siéges inférieurs de ladite Châtellenie, pour y être pareillement lûes publiées et enregistrées : Enjoint aux Substituts du Procureur-Général du Roi auxdits Siéges, d'en certifier la Cour dans le mois, suivant l'Arrêt du treize des jour, mois et an que dessus.

Signé, MAZENGARBE.

II.

Arrêt du Conseil *qui réglemente le mode de transmission des parts de marais dans la Province d'Artois.*

(25 Février 1779.)

Extrait des registres du Conseil d'État du Roi.

Sur ce qui auroit été représenté au Roi, étant en son Conseil, par les Etats de la Province d'Artois que par différents Arrêts, Sa Majesté avoit permis à plusieurs communautés de ladite Province, de défricher et de partager leurs communaux; que ces partages, fondés sur l'humanité et l'utilité publique, ne pouvoient produire que les meilleurs effets ; d'un côté ils assureront aux pauvres une subsistance, et de l'autre ils parviendront à procurer un désséchement général, bien nécessaire dans la Province pour la salubrité de l'air; mais que, pour en retirer tout le fruit, il étoit à propos de rendre inaliénables les parts qui écherront par le sort et d'empêcher qu'un même chef de famille, ou ménage, n'en puisse réunir plusieurs à la fois, au préjudice des autres; que cependant cet inconvénient arriveroit si Sa Majesté laissoit subsister la faculté accordée par lesdits Arrêts, de disposer de sa part par dons entre vifs ou testamentaires, en faveur de qui on jugeroit à propos, Habitant du lieu; parce qu'il pouvait se faire que, sous ces donations, on fit des conventions, des traités et de véritables ventes; qu'il étoit encore nécessaire de n'admettre pour recueillir les parts que les seuls héritiers en ligne directe, et, dans cette ligne, l'aîné des enfants, afin d'éviter la division des parts ; et, dans le cas où il n'y auroit que des héritiers collatéraux, de faire retourner les parts aux Communautés, pour être assignées aux chefs de famille, et parmi eux, aux plus anciennement domiciliés; et Sa Majesté voulant, sur ce, pourvoir, ouï le rapport du sieur Moreau de Beaumont, Conseiller d'État ordinaire, et au Conseil Roïal des finances, le Roi étant en son Conseil, réformant et interprétant, en tant que besoin seroit, les Arrêts rendus au profit des différentes Communautés de l'Artois, concernant le partage de leurs marais communaux, a ordonné et ordonne « que les parts qui écherront ou qui sont échues » à chaque habitant, par l'effet des partages, seront inaliénables, » que nul Habitant ne pourra en posséder deux, et que l'aîné mâle » de chaque famille, et à défaut de mâles, l'aînée des femelles, » seront seuls admis à succéder auxdites parts ; que dans le cas » de mariage entre deux portionnaires, ils seront tenus d'opter » une des deux parts à eux appartenantes pour abdiquer l'autre. » Veut Sa Majesté que dans le cas ou un chef de famille ne laisseroit, en décédant, aucun héritier direct, la portion de marais, » dont il aura joui, retourne à la Communauté, pour être assignée » aux Chefs de familles qui n'en posséderont aucune, et parmi eux, » aux plus anciennement domiciliés dans la Communauté ; et que » si le portionnaire a fait quelques impenses et améliorations extraordinaires sur sa portion, ses héritiers seront libres de les emporter saus dégrader; si mieux n'aime celui qui sera envoyé en » possession de la portion, leur en payer la valeur suivant l'estimation, comme si elles étoient séparées du fond. »

« Ordonne Sa Majesté que sur le présent Arrêt, toutes lettres » nécessaires seront expédiées. »

« Fait au Conseil d'Etat du Roi, Sa Majesté y étant, tenu à » Versailles, le vingt-cinq février mil sept cent soixante-dix-neuf. »

« Signé : le Prince de Mont Barrey. »

III

Lettres-Patentes *qui ordonnent le Partage des Marais des Communautés de la Province d'Artois.*

(13 Novembre 1779).

Louis, par la grace de Dieu, Roi de France et de Navarre, à tous ceux qui ces présentes Lettres verront, Salut. Les Etats de notre Province d'Artois, que nous avons autorisés à Nous proposer les Réglemens qu'ils croiroient nécessaires pour la meilleure Administration des Marais appartenans aux Communautés de cette Province, Nous ont représenté que ces terreins, qui ne fournissent pour le pâturage des Bestiaux qu'une nourriture insuffisante, et presque toujours de mauvaise qualité, deviendroient très-avantageux s'ils étoient cultivés : Que cette considération Nous ayant portés à permettre le partage des Marais dans plusieurs desdites Communautés, les Habitans trouvoient déjà de nouveaux secours pour satisfaire aux charges publiques, et un grand nombre d'entr'eux des moyens de subsister, qu'ils n'auroient pu se procurer autrement : Qu'il étoit du bien général de la Province que la totalité de ces fonds précieux fût rendue à la Culture, et qu'en conséquence il fût procédé au partage de tous ceux qui restent encore à diviser, mais qu'il étoit de notre justice de pourvoir, en même tems, soit à la conservation du droit de Triage pour les Seigneurs, dans les Marais qui sont de concession gratuite, soit à l'indemnité des Seigneurs qui, ne les ayant concédés qu'à la charge de quelques rentes, redevances ou servitudes, seroient, par l'événement du partage et du défrichement, privés du droit de pâturage qu'ils s'étoient réservé pour leurs Bestiaux et ceux de leurs Fermiers : Que cette indemnité seroit suffisante, si elle était fixée à leur égard au sixieme de la totalité desd. Marais, qui leur appartiendra en toute propriété : Qu'enfin, au moyen d'un pareil assignat, nous pourrions supprimer toutes ces différentes charges et prestations, dont la répartition deviendroit trop difficile entre les co-partageans, au nombre desquels doivent être admis les Seigneurs eux-mêmes, et interdire le droit de Plantis dont ils jouissent dans le contour des Marais, et qui ne pourroit être que très-préjudiciable à la culture des Terres, et voulant donner aux Etats des marques de notre confiance dans tout ce qui concerne l'administration de notre Province d'Artois, A CES CAUSES et autres à ce Nous mouvant, de l'Avis de notre Conseil et de notre certaine science, pleine puissance et autorité Royale, Nous avons dit, déclaré et ordonné par ces Présentes signées de notre main, disons, déclarons et ordonnons, voulons et Nous plaît ce qui suit.

ARTICLE PREMIER.

Toutes les Terres, Prés, Marais, Landes ou Friches appartenans aux Communautés d'Habitans de notre Province d'Artois, seront partagés, par portions égales en valeur, entre tous les Chefs de Famille de chaque lieu, mariés ou célibataires, sous laquelle dénomination de *Chefs de Famille* le Curé de la Paroisse sera compris, pour en jouir en usufruit seulement, aussi long tems qu'ils seront domiciliés dans le lieu, distraction néanmoins faite au profit du Seigneur, soit Ecclésiastique, soit Laïc, mêmes des Gens de mainmorte ayant Fief et Seigneurie, du Tiers desd. Terres, Prés, Marais, Landes ou Friches qui seront de concession gratuite, et du Sixième en faveur de ceux à qui, à raison de lad. concession, il est dû, par lesd. Habitans, des Rentes, Redevances ou Servitudes.

ARTICLE II.

Les Seigneurs qui auront distrait le Sixiéme des Biens communaux ne pourront, à l'avenir, exiger desd. Communautés d'Habitans, lesd. Rentes, Redevances, ni Servitudes, dont elles demeureront quittes et déchargées ; et lesd. Seigneurs, ainsi que ceux au profit desquels le Tiers aura été distrait, ne pourront exercer aucun droit de Plantis sur la part des Habitans, qui seront seulement soumis de donner, tous les quarante ans, une simple déclaration, portant qu'ils possèdent, en toute propriété et librement, lesd. Biens dans l'étendue de leur directe à laquelle ils demeurent soumis.

ARTICLE III.

Les Habitans jouiront, à raison des lots de partage qui leur seront échus, des Exemptions portées par la Déclaration du 13 Août 1766 et les Lettres-Patentes du 30 Mai 1767, sans, néanmoins, qu'ils soient assujettis à l'observation des formalités prescrites par lesd. Déclaration et Lettres-Patentes, dont nous les avons dispensés et dispensons par cesd. Présentes. Si donnons en Mandement à nos amés et féaux les Gens tenans notre Cour de Parlement à Paris, que ces Présentes ils aient à faire lire, publier et registrer, et le contenu en icelles garder, observer et exécuter, selon leur forme et teneur, nonobstant tous Edits, Déclarations, Réglemens et Coûtumes à ce contraires, auxquels nous avons dérogé et dérogeons par ces mêmes Présentes : car tel est notre plaisir. En témoin de quoi nous avons fait mettre notre scel à cesd. Présentes. Donné à Versailles le treiziéme jour du mois de Novembre, l'an de grace 1779, et de notre regne le sixiéme. *Signé* LOUIS, *et plus bas* Par le Roi, *signé* le Prince de Montbarey, et scellé du grand sceau de cire jaune.

Registrées, ce consentant le Procureur Général du Roi, pour jouir, par les Impétrans, de l'effet et contenu en icelles, et être exécutées selon leur forme et teneur, suivant l'Arrêt de ce jour. A Paris, en Parlement, le vingt-cinq Novembre mil sept cent soixante-dix-neuf. *Signé* DUFRANC. »

IV.

Arrêt *du conseil d'Etat du Roi*,

Qui, *en interprétant l'article X des Lettres-patentes du 27 Mars 1777, concernant le partage des marais des Châtellenies de Lille, Douai et Orchies, déclare qu'encore que les curés, vicaires ou bénéficiers, sujets à résidence, ne soient pas natifs de la communauté dans laquelle sont situés leurs bénéfices, ils doivent néanmoins avoir le même droit que les habitants du lieu aux portions ménagères des biens dont le partage est ordonné par lesdites Lettres-patentes.*

(13 mai 1784.)

Sur la requête présentée au Roi, étant en son conseil, par Jacques-Ignace Vandeville, prêtre chapelain de la paroisse de Verlaing, en la subdélégation de Douay en Flandres, et au diocèse d'Arras, contenant que le suppliant, en qualité de chapelain de Verlaing, est obligé de dire cinq messes par semaine, notamment les jours de dimanche et de fête, pour la commodité des habitants de Verlaing qui sont fort éloignés de leur paroisse, dont la chapelle de Verlaing est une succursale ;

Que le suppliant est tenu, en la même qualité, de faire des exhortations au peuple, de tenir école gratis pour les pauvres, et de résider audit Verlaing, le tout pour satisfaire à la fondation qui a été faite de la dite chapelle, par le sieur Claude de Harnin, chevalier seigneur dudit lieu, en vertu de Lettres-patentes de 1601, avec l'observation des autres formalités canoniques ; de plus, le suppliant, en qualité de prêtre au diocèse d'Arras, pour être habile au concours, est obligé de faire toutes les fonctions que font les autres vicaires du diocèse, de sorte qu'à tous ces titres il est habitant nécessaire dudit Verlaing.

Votre Majesté, par l'article 1.er des Lettres-patentes du 27 Mars 1777, a ordonné que tous les prés, marais et pâturages communs des Châtellenies de Lille, Douai et Orchies, seraient partagés entre tous ménages existants par feux, sans distinction d'état, par égalité; en exécution de ces Lettres-patentes, les habitants de Verlaing ont partagé entr'eux, par égalité, le tiers qui leur appartenait dans deux marais, l'un nommé *Hantoy*, et l'autre *Bas-Marais*.

Le sieur Windiez, prédécesseur du suppliant, et qui était pourvu de ladite chapelle, à l'époque de ce partage, y a eu une portion égale comme tous les autres habitants, et, après sa nomination à la cure de Rœux, sa portion ménagère est passée au plus ancien ménager de Verlaing. Une portion ménagère étant venue à vaquer par la mort de Maximilien-François Monchy, mayeur de Verlaing, le suppliant présenta requête au sieur Intendant de Flandres, pour obtenir la jouissance de cette portion ménagère, en qualité d'habitant nécessaire, et ayant le plus ancien ménage, habile à succéder à une pareille portion.

Les Échevins de Verlaing opposèrent à cette demande l'article X desdites Lettres-patentes, conçu en ces termes : « Pour succéder à l'avenir aux portions ménagères qui viendront à vaquer » dans chaque communauté, il faudra être natif de ladite communauté, ou avoir épousé une fille ou une veuve qui en soit native, » et y demeurer avec elle. »

De là, on infère l'exclusion du suppliant en ce qu'il n'est point natif de Verlaing, et qu'il ne peut jamais épouser une fille de ce lieu pour y demeurer avec elle ; le sieur Intendant a bien senti que l'esprit de cet article X n'était point applicable à l'espèce présente ; mais, craignant que le cas n'ait point été prévu, il a, par son jugement du 14 septembre dernier, renvoyé le suppliant à se pourvoir par devers le Roi, pour avoir l'interprétation de sa volonté, relativement à l'exécution desdites Lettres ; et, néanmoins, par provision, a ordonné que la portion ménagère, vacante par le décès de Maximilien Monchy, serait adjugée publiquement en la forme ordinaire, pour le terme de trois ans, en conformité de l'article VIII desdites Lettres-patentes, pour le produit de ladite adjudication être remis en définitif à qui il appartiendra. Le suppliant s'adresse donc avec confiance à votre Majesté, persuadé qu'elle n'a point eu intention d'astreindre les chapelains résidants comme le suppliant, non plus que les curés, vicaires des paroisses, à être natifs du lieu, pour avoir part aux portions ménagères ; dans ce cas, l'habitation qu'ils sont obligés de faire doit être un titre suffisant pour les faire participer aux avantages comme ils participent aux charges qui en résultent ; le suppliant a d'autant plus lieu de prétendre à cet avantage, qu'en sa qualité d'habitant de Verlaing, il pourrait envoyer des bestiaux paître dans les marais communaux, s'ils n'étaient point partagés ; il espère donc que votre Majesté ne le regardera point de pire condition qu'un étranger qui aurait épousé une fille ou une veuve : il y a plus, le suppliant est persuadé qu'il a été dans l'intention de votre Majesté qu'il n'y eût lieu à aucune variation dans la portion destinée aux curés, vicaires ou chapelains, qui, comme le suppliant, sont obligés à résidence dans les paroisses où leur secours est nécessaire pour l'instructionet les besoins de ceux qui les habitent : ainsi, dans le droit, le suppliant aurait été bien fondé à réclamer la portion ménagère de son prédécesseur, et à ne point attendre qu'il s'en offrît une autre, le suppliant n'insistera pas à réclamer l'ancienne puisqu'il s'en offre une nouvelle, il demandera seulement, pour l'avantage de ses successeurs, que la portion qui lui sera donnée, soit tellement affectée à son bénéfice que, quand il cessera d'en être le titulaire, elle passera à son successeur, et ainsi de suite ; le suppliant ne croit pas même qu'il y aurait lieu de l'ordonner ainsi à l'égard de tous les endroits où votre Majesté a ordonné des partages communaux, et de rendre, à cet effet, une Loi interprétative des Lettres-patentes du 27 mars 1777 ; mais il espère qu'au moins elle ne fera pas de difficultés de lui adjuger l'objet de sa demande. — Pour justifier du contenu en la présente requête, produit le suppliant l'ordonnance rendue par le sieur Intendant de Flandres, le 14 Septembre dernier : requérant à ces causes, qu'il plaise à votre Majesté, en interprètant, en tant que de besoin serait, l'article X desdites Lettres-patentes du 27 Mars 1777, déclarer que les curés, vicaires ou bénéficiers, sujets à résidence, qui ne sont pas natifs de la communauté d'habitants dans laquelle ils résident, ne sont point exclus du droit d'obtenir, à l'instar des autres particuliers, les portions ménagères des biens dont le partage a été ordonné dans chaque communauté, en conséquence déclarer que le suppliant, en sa qualité de chapelain dudit Verlaing, est habile à succéder à la portion ménagère vacante dans ladite communauté, par le décès de Maximilien-François Monchy, ordonner que le produit de ladite portion lui sera remis, et qu'il jouira de la même portion tant et si longtemps qu'il résidera audit village de Verlaing, en sa qualité de chapelain dudit lieu; comme aussi que ladite portion qui lui sera donnée sera désormais attachée à son bénéfice, dont elle fera partie, et passera, comme telle, à ses successeurs, afin que il n'y ait plus lieu à l'avenir à aucune difficulté relativement à ladite portion.

Vu ladite requête, signée Wiel, avocat du suppliant, ensemble lesdites Lettres du 27 Mars 1777, ouï le rapport.

Sa Majesté, étant en son conseil :

Ayant aucunement égard à la demande du suppliant, et en interprétant, en tant que de besoin, l'article X desdites Lettres-patentes, à déclaré et déclare qu'encore que les curés, vicaires ou bénéficiers, sujets à résidence, ne soient pas natifs de la communauté dans laquelle sont situés leurs bénéfices, ils doivent néanmoins avoir le même droit que les autres habitants du lieu aux portions ménagères des biens dont le partage a été ordonné par lesdites Lettres-patentes ; veut, en conséquence, que le suppliant, en sa qualité de chapelain de Verlaing, succède à celle qui vaque dans cette communauté par la mort de Maximilien-François Monchy, ordonne que le produit de ladite portion lui soit remis, et qu'il jouisse de ladite portion, tant qu'en sa dite qualité il résidera dans ce lieu, et seront, si besoin est, toutes Lettres-patentes expédiées sur le présent Arrêt, à l'exécution duquel sa Majesté ordonne au sieur Intendant de Flandres d'y tenir la main.

Fait à Versailles, le 13 Mai 1784.

Signé, LOUIS.

V.

DÉCRET *concernant le mode de partage des biens communaux.*

(10 Juin 1793).

SECTION PREMIÈRE.

Art. 1.er Les biens communaux sont ceux sur la propriété, ou le produit desquels tous les habitants d'une ou de plusieurs communes, ou d'une section de commune ont un droit commun.

. . . .

Art. 3. Tous les biens appartenant aux communes, soit communaux, soit patrimoniaux, de quelque nature qu'ils puissent être, pourront être partagés, s'ils sont susceptibles de partage, dans les formes et d'après les règles ci-après prescrites, et sauf les exceptions qui seront prononcées.

Art. 4. Sont exceptés du partage les bois communaux. . . .

. . . .

Art. 5. Seront également exceptés du partage, les places, promenades, voies publiques et édifices à l'usage des communes, et ne sont point compris au nombre des biens communaux, les fossés et remparts des villes, les édifices et terrains destinés au service public, les rivages, lais et relais de la mer, les ports, les havres, les rades, et en général toutes les portions du territoire qui, n'étant pas susceptibles d'une propriété privée, sont considérés comme une dépendance du domaine public.

. . . .

. . . .

SECTION DEUXIÈME.

Art. 1.er Le partage des biens communaux sera fait par tête d'habitant domicilié, de tout âge et de tout sexe, absent ou présent.

Art. 2. Les propriétaires non habitants n'auront aucun droit au partage.

Art. 3. Sera réputé habitant, tout citoyen français, domicilié dans la commune un an avant le jour de la promulgation du décret du 14 août 1792, ou qui ne l'aurait pas quittée un an avant cette époque, pour aller s'établir dans une autre commune.

Art. 4. Les fermiers, métayers, valets de labour, domestiques et généralement tous citoyens, auront droit au partage, pourvu qu'ils réunissent les qualités exigées pour être réputés habitants.

Art. 5. Tout citoyen est censé domicilié dans le lieu où il a son habitation et il y aura droit au partage.

Art. 6. Ceux qui auront accepté des fonctions publiques temporaires seront exceptés des dispositions de l'article précédent, et auront la faculté de prendre leur partage dans la commune qu'ils auront quittée pour l'exercice des mêmes fonctions. Cette exception s'étendra aux domestiques et marchands voyageurs.

Art. 7. Les pères et mères jouiront de la portion qui écherra à leurs enfants, jusqu'à ce qu'ils aient atteint l'âge de quatorze ans; nul ne peut avoir droit au partage dans deux communes.

Art. 8. Les tuteurs ou personnes chargées de l'entretien des orphelins, veilleront avec soin à la conservation de la portion qui leur écherra en partage.

Art. 9. Les corps municipaux sont spécialement chargés de veiller en bons pères de famille à l'entretien et à la conservation des portions qui écherront aux citoyens qui se sont voués à la défense de la République. Ils les feront cultiver aux frais de la commune, et recueillir au profit des partageants : cette dernière disposition n'aura lieu qu'en temps de guerre.

Art. 10. Le ci-devant Seigneur, quoiqu'habitant, n'aura point droit au partage, lorsqu'il aura usé du droit de triage en exécution de l'art. 4 du titre XXV de l'ordonnance de 1669, quand même il aurait disposé de sa portion en faveur de particuliers non Seigneurs.

Art. 11. Le droit de triage, établi par ledit article 4 du titre XXV de l'ordonnance de 1669 des eaux-et-forêts, est aboli par le décret du 15 mars 1790.

Art. 12. Chaque habitant jouit en toute propriété de la portion qui lui écherra dans le partage.

Art. 13. Il ne pourra cependant l'aliéner pendant dix années, qui suivront la promulgation du présent décret, et la vente qu'il en pourrait faire sera regardée comme nulle et non avenue.

Art. 14. Le parcours ne donne aucun droit au partage.

Art. 15. Tout acte ou usage qui fixerait une manière de procéder au partage des biens communaux ou patrimoniaux différente de celle portée par le présent décret, sera regardé comme nul et de nul effet, et il sera procédé au partage dans les formes prescrites par le présent décret.

Art. 16. La portion communale qui écherra à chaque citoyen dans le partage, ne pourra être saisie pour dettes, même antérieures à la promulgation du présent décret, pendant les dix ans qui suivront ladite promulgation, excepté pour le paiement des contributions publiques.

SECTION TROISIÈME.

Art. 1. Le partage des biens communaux sera facultatif.

. . . .

. . . .

. . . .

SECTION QUATRIÈME.

. . . .

Art. 6. Tout partage antérieur à la publication du présent décret et contraire à ses dispositions, est déclaré nul et de nul effet.

. . . .

. . . .

VI.

ARRÊTÉ *relatif à une éviction prononcée en matière de partage de marais communal.*

(9 Fructidor an X).

. . . .

Les Consuls..... Vu, 1.° la réclamation de *Charles*, *Joseph Ochain*, de la commune d'Aunay, contre un Arrêté par lequel le Préfet du département du Pas-de-Calais a décidé que le réclamant serait évincé d'une partie de marais communal qui était échue en partage à son père, et que *Jean-François Ochain*, son frère aîné, issu d'un premier mariage, serait remis en possession de ce marais; —2.° L'avis du Maire d'Aunay, celui du sous-Préfet, et l'Arrêté du Préfet du 22 germinal. — 3.° L'Arrêt du Conseil d'État, du 25 février 1779, concernant le partage des biens communaux dans les communautés de la ci-devant Province d'Artois, le Conseil d'État entendu ;

Arrêtent :

Art. 1.er L'Arrêt du Conseil d'État, du 25 février 1779, sera exécuté selon sa forme et teneur.

Art. 2. En conséquence, l'Arrêté du Préfet du Pas-de-Calais, en date du 22 germinal dernier, est confirmé.

VII.

Loi *relative aux partages de biens communaux, effectués en vertu du décret du 10 juin 1793.*

. . . .

(9 Ventôse an XII).

Art. 1.er Les partages de biens communaux, effectués en vertu de la loi du 10 juin 1793, et dont il a été dressé acte seront exécutés.

Art. 2. En conséquence, les co-partageans ou leurs ayant-cause sont définitivement maintenus dans la propriété et jouissance de la portion desdits biens qui leur est échue, et pourront la vendre, aliéner et en disposer comme ils le jugeront convenable.

. . . .
. . . .
. . . .

VIII.

Décret *relatif au mode de jouissance des biens communaux.*

(9 Brumaire an XIII).

Art. 1.er Les communautés d'habitans qui, n'ayant pas profité du bénéfice de la loi du 10 juin 1793, relative au partage des biens communaux, ont conservé, après la publication de cette loi, le mode de jouissance de leurs biens communaux, continueront de jouir de la même manière desdits biens.

Art. 2. Ce mode ne pourra être changé que par un décret impérial, rendu sur la demande des Conseils municipaux, après que le sous-Préfet de l'arrondissement, et le Préfet auront donné leur avis.

Art. 3. Si la loi du 10 juin 1793 a été exécutée dans ces communes, et qu'en vertu de l'art. 13, section III de cette loi, il ait été établi] un nouveau mode de jouissance, ce mode sera exécuté provisoirement.

Art. 4. Toutefois, les communautés d'habitans pourront délibérer, par l'organe des Conseils municipaux, un nouveau mode de jouissance.

Art. 5. La délibération du Conseil sera, avec l'avis du sous-Préfet, transmise au Préfet qui l'approuvera, rejettera ou modifiera, en Conseil des Préfecture; sauf, de la part du Conseil municipal et même d'un ou plusieurs habitans ou ayant-droit à la jouissance, le recours au Conseil d'Etat.

IX.

DÉCRET *additionnel à celui du 9 ventôse an XII, sur le partage des biens communaux.*

(4e jour complémentaire de l'an XIII.)

Art. 1.er Les dispositions de la loi du 9 ventôse an XII s'appliquent à tous partages de biens communaux, effectués avant la loi du 10 juin 1793, en vertu d'arrêts du Conseil, d'ordonnances des États et autres émanés des autorités compétentes, conformément aux usages établis.

Art. 2. Toutes les fois que les Conseils de Préfecture, par suite de l'attribution qui leur est faite dans l'article 6 de la loi du 9 ventôse an XII, connaîtront des contestations en matière de partages de biens communaux, soit antérieurs, soit postérieurs à la date de cette loi, et auront à prononcer sur le maintien ou l'annulation desdits partages, les jugements rendus par eux ne pourront être mis à exécution qu'après avoir été soumis à notre Conseil d'État, pour être confirmés, s'il y a lieu, par un décrêt émané de nous, sur le rapport de notre Ministre de l'intérieur.

X.

Arrêté du Préfet du Nord *sur les portions ménagères.*

(20 Juillet 1813.)

Nous J.-M.-C. VALENTIN DUPLANTIER, Baron de l'Empire, Officier de la Légion d'honneur, PRÉFET du Nord,

A MM. les Maires des communes.

Vu la lettre de M. le Conseiller d'État, Directeur général de la comptabilité des communes et des hospices du 23 mars dernier, qui nous fait connaître la décision de S. E. le Ministre de l'intérieur du 2 du même mois, portant que le mode de jouissance des marais communaux, établi par les Lettres-patentes de 1777 et 1779, ne peut plus être suivi à l'avenir, attendu que ces lois ne sont plus en vigueur; mais que les partages faits sous le régime de ces lois doivent être maintenus; que, par suite, le privilége consacré par ces mêmes Lettres-patentes en faveur des natifs ou de ceux qui épousaient une native, doit être abrogé, et que, pour succéder à un lot vacant, *il suffit d'être le plus ancien domicilié, payant contribution, sans distinction de natifs ou non natifs;*

Considérant qu'il importe de faire jouir promptement les habitans des communes de ce département, dont les marais communs ont été partagés en exécution des Lettres-patentes précitées, du nouveau mode d'admission aux portions ménagères qui leur est assuré par la décision sus-datée de S. E. le Ministre de l'intérieur;

ARRÊTONS:

Biens partagés en vertu des Lettres-patentes de 1777.

Art. 1.er Les portions, dites *ménagères*, dont seraient pourvus les habitans de ce département, en vertu des Lettres-patentes de 1777, devront, à l'avenir, lorsqu'elles deviendront vacantes, être conférées à ceux de ces habitans *qui justifieront être les plus anciens domiciliés à feu et ménage particuliers, et payant contribution dans la commune, sans distinction de natifs ou non natifs.*

Art. 2. S'il s'élève des contestations sur le domicile des aspirans, elles seront jugées d'après le Code Napoléon. Pour constater les droits de chacun des aspirans aux portions ménagères, et pour éviter toute discussion dans les mises en possession des lots qui viendront à vaquer, les Maires des communes où il existe de ces biens, formeront, à la réception du présent arrêté, une liste des habitans non pourvus de portions ménagères, actuellement établis à feu et ménage particuliers, et payant contribution, en les classant par ordre d'ancienneté, et en indiquant l'époque de l'établissement du feu et du ménage.

Le cadre de cette liste est imprimé à la suite du présent arrêté. (Modèle numéro 1.)

Art. 3. Les Maires feront en même-tems imprimer et relier un registre conforme au modèle n.° 2, et contenant un nombre de feuilles suffisant pour qu'il puisse servir pendant dix années à l'inscription définitive des aspirans aux portions ménagères : ce registre devra être coté et paraphé par le Sous-Préfet de l'arrondissement.

Art. 4. Le 18 septembre prochain, les Maires de ces communes convoqueront extraordinairement les Conseils municipaux, pour leur communiquer, 1.° le présent arrêté ; 2.° la liste mentionnée à l'article 2 ; 3.° le registre sur lequel devront être inscrits tous les aspirans, chacun suivant leur ordre de priorité d'*établissement à feu et ménage particuliers, de domicile et de paiement de contribution dans la commune.*

Art. 5. Ils en préviendront leurs administrés par avis et publication, et engageront ceux qui auraient des réclamations à faire valoir, à les rédiger par écrit, pour être examinées et discutées par le Conseil municipal dans sa réunion du 18 septembre prochain.

Art. 6. Les Conseils municipaux commenceront leur travail par la vérification de la liste provisoire que le Maire aura rédigée ; et, après avoir délibéré sur toutes les réclamations, et classé les prétendans dans l'ordre de leur privilége respectif, ils les inscriront sur le registre qu'ils arrêteront ensuite, et revêtiront de leur signature.

Art. 7. A partir de 1814, ils s'occuperont chaque année de cette opération pendant leur session annuelle du 1.er au 15 mai ; les Maires la prépareront en remettant au Conseil la liste (modèle n.° 1) des aspirans qui auront fait leur déclaration dans le cours de l'exercice.

Art. 8. Avant le 25 septembre prochain ces fonctionnaires adresseront une double copie des inscriptions qui auront été faites par le Conseil, dans sa réunion du 18 du même mois, au Sous-Préfet de leur ressort, qui les rassemblera et nous en transmettra une expédition sans le moindre retard, avec les observations dont le travail lui paraîtrait susceptible.

Semblables envois nous seront faits, à l'avenir, dans les dix jours qui suivront la clôture de la session annuelle des Conseils municipaux.

Art. 9. Lorsqu'une portion deviendra vacante, les Maires la réclameront auprès du Sous-Préfet, en faveur du plus ancien prétendant désigné par le Conseil municipal : ce fonctionnaire prendra de suite un arrêté de mise en possession.

Art. 10. Les difficultés que feront naître ces envois en possession nous seront référées avec les moyens de défense des parties contendantes, les observations des Maires, l'avis du Sous-Préfet, et, au besoin, la délibération du Conseil municipal.

Art. 11. *Celles qui auraient pour objet des mises en possession, antérieures au présent arrêté, seront jugées d'après le texte des Lettres-patentes de* 1777 (1).

Art. 12. Aucun ménage ne saurait être admis à jouir de deux portions à la fois; en conséquence, lorsque deux pourvus se marieront ensemble, ils seront tenus d'abandonner une des deux portions *à leur choix*. (Article 7 des Lettres-patentes.)

Art. 13. Celle qu'ils conserveront *restera spécialement affectée à leur ménage jusqu'après le décès des deux époux;* elle passera ensuite au plus ancien des aspirans qui réunirait les conditions requises par cet Arrêté. (Art. 8 des mêmes Lettres-patentes.)

Art. 14. En conséquence de l'article précédent, si l'époux survivant convole en secondes nôces, la portion deviendra également vacante immédiatement après son décès.

---

(1) Les articles *entièrement* imprimés en italiques sont ceux que ne reproduit pas l'arrêté suivant de 1830 qui confirme tous les autres.

Néanmoins, si cet époux avait été pourvu d'une portion avant son premier mariage et l'avait conservée, le second mari ou la seconde femme jouira des mêmes droits que le premier mari ou la première femme ; mais, à sa mort, cette portion sera transmissible à un autre ménage.

Art. 15. Toutes les fois qu'une portion sera accordée à un ménage composé de plusieurs enfans, ceux de ces derniers qui se sépareront de la communauté n'auront plus aucun droit à cette portion ; mais ils seront fondés à se ranger au nombre des prétendans à d'autres portions, s'ils offrent les conditions exigées par le présent arrêté.

Art. 16. A défaut d'aspirans, les portions vacantes seront louées pour trois ans, au profit de la caisse municipale. (*Art. 11 des mêmes Lettres-patentes.*)

Art. 17. Pour prévenir les difficultés qui pourraient s'élever entre les prédécesseurs et leurs héritiers, d'une part, et les successeurs aux portions ménagères, d'autre part, ceux-ci devront tenir compte aux premiers, à dire d'experts, et avant la prise de possession, des frais d'engrais, de labour, de semence, ainsi que des plantations, sèves et rejets, s'il y a lieu. En cas de division d'opinions entre les experts, un tiers expert sera nommé par le juge de paix pour les départager. Les Arrêtés d'envoi en possession seront exécutés à la diligence du Maire dans les 24 heures de la notification qui lui sera faite de la quittance du paiement de ces frais de culture. *Art. 11 des mêmes Lettres-patentes.*)

Art. 18. *Tout individu qui sera convaincu de négliger pendant trois années la culture de la portion qui lui aura été assignée, pourra en être dépossédé par nous, et cette portion être attribuée à un autre aspirant, ou, à défaut de celui-ci, être affermée au profit de la caisse municipale.* (Art. 12.)

Art. 19. Il est défendu à toute personne, sous peine d'une amende de 296 fr., d'extraire des portions aucune espèce de chauffage, soit tourbes, hots, molingues ou palées ; soit plaquettes ou gazons. Pour prévenir tout abus à cet égard, les lisières de chaque portion devront être plantées en bois : la même obligation est imposée aux communes pour les portions qu'elles loueraient à leur profit. (*Art. 13 des mêmes Lettres-patentes.*)

Art. 20. Chaque détenteur pourra, si les besoins de la caisse municipale l'exigent, être assujéti, chaque année, à quelque redevance foncière, pourvu qu'elle n'excède pas le prix d'un demi havot de blé au cent de terre, réglé d'après les mercuriales de la St.-Remi, des villes de Lille, Douai et Orchies, selon que les biens seront situés dans l'arrondissement de Lille et Douai et dans le canton d'Orchies. (*Art. 14.*)

Art. 21. Le droit de planter le long des fossés et sur les chemins formés pour l'exploitation de ces biens appartiendra exclusivement aux communes ; celles qui seraient en retard de profiter du bénéfice de cette disposition feront, dans le cours de cette année, les plantations que permettrait la nature du terrain ; elles nous adresseront à cet effet les devis estimatifs de la dépense ; elles seront responsables de toute négligence à cet égard. (*Art. 17 des mêmes Lettres-patentes.*)

Art. 22. Les portionnaires seront chargés d'entretenir, à leurs frais, les fossés et chemins existans, ou que la commune croirait devoir faire ouvrir à l'avenir. (*Art. 17.*)

Biens partagés en vertu des Lettres-patentes de 1779.

Art. 23. *Les détenteurs de portions ménagères provenant de partages effectués en vertu des Lettres-patentes de 1779, en jouiront selon le vœu et d'après le mode déterminé par ces mêmes Lettres-patentes ; mais, lorsqu'ils ne laisseront aucun héritier en ligne directe, la portion dont ils jouissent retournera entre les mains de la commune et sera ensuite assignée au plus ancien chef de famille, domicilié dans la commune, y ayant feu et ménage particuliers, et y payant contribution.*

Art. 24. *A cet effet, les Maires recevront la déclaration des prétendans dans la forme voulue par l'article 2.*

Le conseil municipal réglera, chaque année, leur ordre de privilége dans la session du 1.er au 15 mai, et les inscrira sur un registre. (Modèle n.° 2.)

Art. 25. *Ces portions provenant des partages effectués en vertu des Lettres-patentes de 1779, seront conférées par le Sous-Préfet de l'arrondissement; mais s'il s'élève quelque réclamation de la part des aspirans, ou d'autres difficultés, elles seront jugées par nous, d'après les observations du Conseil et l'avis du Sous-Préfet.*

Art. 26. *Les Sous-Préfets et les Maires tiendront la main à l'exécution du présent arrêté; ces derniers fonctionnaires le feront afficher et publier à l'issue de la messe paroissiale des trois dimanches qui suivront sa réception; la même publication aura lieu tous les ans durant le mois de mars.*

Art. 27. *Le présent arrêté ne recevra néanmoins son exécution qu'après avoir été sanctionné par Son Exc. le Ministre de l'intérieur.*

V. DUPLANTIER.

Pour expédition conforme :

Le Secrétaire-général de Préfecture, BOTTIN.

Cet Arrêté a été approuvé par Son Exc. le Ministre de l'intérieur le 3 août 1813.

V. DUPLANTIER.

XI.

Arrêté du Préfet du Nord *sur les portions ménagères.*

(12 Mars 1830.)

Nous Conseiller-d'État, PRÉFET du Nord,

Vu les délibérations qui ont été prises en exécution de la lettre de M. le Ministre de l'intérieur du 11 mai 1829, par les Conseils municipaux des communes des arrondissemens de Lille et Douai dont les marais ont été partagés suivant les dispositions des Lettres-patentes du Roi données en 1777, lesquelles délibérations ont pour objet d'exprimer le vœu des communes sur les modifications dont seraient susceptibles, soit lesdites Lettres-patentes, soit l'arrêté du Préfet du 20 juillet 1813, qui règle le mode de jouissance des biens dont il s'agit;

Vu ces deux actes, le décret du 9 brumaire an XIII et l'avis du Conseil-d'Etat du 29 mai 1808, portant que tout changement au mode de jouissance des biens communaux partagés, doit être approuvé par un acte du Gouvernement, après avoir été délibéré par les Conseils municipaux et sur l'avis du Conseil de Préfecture et du Préfet;

Considérant que suivant le système de partage réglé par les Lettres-patentes de 1777, les portions de marais devaient être concédées aux individus natifs des communes ou ayant épousé une native et réunissant d'ailleurs les conditions du domicile et de l'établissement à feu et ménage particulier, pour ensuite passer aux plus anciens aspirans pourvus également des qualités requises;

Que, par suite de discussions qui se sont élevées en 1813, il a été reconnu que l'exclusion prononcée contre les habitans non natifs, constituait, en faveur des natifs, un privilège aboli par la législation en vigueur qui reconnaît à tous les habitans domiciliés un droit égal à participer aux avantages de la communauté;

Qu'en conséquence, l'arrêté réglementaire du 20 juillet 1813 a décidé que, pour avoir droit à une portion ménagère de marais, il suffisait d'être domicilié dans la commune et d'y être établi à feu et ménage particulier, mais que ce même acte a ajouté à ces conditions une clause qui n'existait point dans les Lettres-patentes, et qui consiste à exclure du droit d'être aspirant, les habitans qui ne paient aucune contribution;

Que cette dernière disposition n'a reçu qu'une exécution incomplète, parce qu'elle avait pour effet de priver les indigents de la jouissance d'un avantage commun qui leur est plus nécessaire qu'à tous autres, que sous ce rapport il s'est élevé de nombreuses réclamations qui paraissent d'autant mieux fondées que les changements réels que l'Arrêté du 20 juillet 1813 a introduits dans le mode de jouissance des marais partagés, n'ont pas reçu l'approbation exigée par le décret du 9 brumaire an XIII;

Qu'il résulte, en effet, du vœu presque unanime des Conseils municipaux, que la suppression de cette condition est généralement désirée;

Mais que plusieurs Conseils ont en même temps demandé le rétablissement du privilège que les Lettres-patentes accordaient aux natifs, ce qui ne peut se concilier avec les dispositions actuelles des lois qui n'admettent plus de semblables distinctions;

Que d'autres ont demandé que les portions vacantes fussent dévolues aux descendants directs des derniers détenteurs, mais que ce vœu ne peut être admis parce qu'il changerait entièrement le mode de jouissance réglé par les Lettres-patentes et qui ne reconnaît qu'une possession viagère et usufruitière;

Que quelques Conseils municipaux ont proposé de ne point admettre à la jouissance des portions de marais, les habitans étrangers et non naturalisés, attendu qu'ils sont exempts de diverses charges et notamment de celle du recrutement de l'armée, ce qui doit les rendre inhabiles à profiter des avantages communs;

Qu'il est à observer sur cette question que, d'après les termes de l'article 13 du code civil, les étrangers ne pouvant avoir un domicile légal en France, sans en avoir obtenu l'autorisation du Gouvernement, il en résulte qu'ils n'ont pas droit, sans cette autorisation, de participer à la jouissance des portions de marais, pour laquelle la possession d'un domicile forme la condition principale; que d'ailleurs cette conclusion est d'accord avec les régles de l'équité qui ne permettent pas d'admettre aux avantages communs ceux qui sont dispensés de supporter les charges;

Considérant qu'il a été proposé de prononcer la dépossession contre les détenteurs qui n'acquitteraient pas les contributions et redevances imposées sur leurs portions, et que cette mesure est en effet conforme aux régles de la justice, puisqu'on ne saurait conserver un bien sans pourvoir aux charges dont il est grevé;

Considérant enfin que plusieurs Conseils municipaux ont proposé d'ajouter au réglement quelques dispositions de détail propres à régulariser le passage des portions d'un détenteur à un autre, et à assurer la conservation des arbres plantés par les communes sur les bords des portions et sur les chemins d'exploitation des marais partagés;

Arrêtons ce qui suit:

Art. 1.er Les portions dites ménagères des marais communaux, partagés en vertu des Lettres-patentes de 1777, seront à l'avenir conférées aux habitans Français ou naturalisés, qui justifieront être les plus anciens domiciliés à feu et ménage particulier.

Art, 2. Il sera procédé à la formation des listes d'aspirans et à leur révision annuelle, d'après les règles tracées par l'Arrêté de notre prédécesseur, du 20 juillet 1813, sauf les modifications résultant des dispositions de l'article précédent.

Art. 3. Conformément à l'article 8 des Lettres-patentes de 1777, la jouissance des portions continuera à être purement viagère, et elles passeront, après l'extinction des ménages qui en sont pourvus, à ceux inscrits en première ligne sur les listes d'aspirans. Les détenteurs jouiront de tous les droits accordés aux usufruitiers.

Art. 4. Les portions seront conférées aux aspirans aussitôt après leur vacance, et les nouveaux détenteurs devront tenir compte aux anciens ou à leurs héritiers, à dire d'experts et d'après la règle suivie entre fermiers, de ce dont la terre se trouvera couverte ainsi que des semences et engrais, et, s'il échet, des sèves et rejets. (*Art. 11 des Lettres-patentes.*)

Art. 5. Tout détenteur qui aura négligé pendant trois années la culture de sa portion sera dépossédé par nous conformément à l'article 12 des Lettres-patentes, et la même dépossession sera prononcée contre celui qui n'aurait point acquitté dans les délais prescrits les contributions assises sur sa portion et les redevances imposées au profit de la commune.

Art. 6. Les arbres plantés le long des fossés et des chemins d'exploitation des marais, et qui appartiennent aux communes, ne pourront être élagués qu'en saison convenable, et par des ouvriers commis par le Maire, à péril de tous dommages et intérêts de la part des riverains qui s'immisceraient dans cette opération.

Art. 7. Toutes les dispositions des Lettres-patentes de 1777 et de l'Arrêté du 20 juillet 1813, auxquelles il n'est pas dérogé par le présent, continueront à recevoir leur exécution (1).

Art. 8. Le présent arrêté ne sera exécutoire qu'après avoir été approuvé par une Ordonnance royale.

Fait à Lille, le 12 mars 1830.

Signé, VICOMTE DE VILLENEUVE.

Pour expédition :

Le Secrétaire général de la Préfecture,
PESCATORE.

Cet Arrêté a été approuvé par Ordonnance du Roi du 7 janvier 1831.

---

(1) Voir la note au bas de la page 113.

XII.

Arrêté *concernant le mode de jouissance des Marais de la commune d'Ennevelin.*

(11 mars 1831.)

Nous Conseiller d'État, Préfet du Nord,

Vu la délibération du Conseil municipal d'Ennevelin, en date du 14 février dernier, tendant à faire maintenir le mode actuellement en usage, dans cette commune, pour la jouissance des portions ménagères de marais, lequel mode est conforme aux dispositions des Lettres-patentes de 1779, en ce que les portions ne sont concédées aux plus anciens aspirans qu'à défaut d'héritiers en ligne directe,

Vu à l'appui de cette délibération :

1.° Une copie de celle prise le 21 août 1791 par le Conseil général de la commune, pour demander le partage des marais par portions ménagères ;

2.° Une copie de l'Arrêté du Directoire du département en date du 21 octobre 1791, qui a autorisé le partage sans en stipuler les conditions ;

3.° Une note du Maire portant que l'acte de partage ne se trouve plus dans les archives de la commune, mais que sa date est du 22 mars 1792, ainsi qu'il résulte de plusieurs pièces authentiques ;

4.° Une délibération du Conseil municipal du 25 pluviose an X, portant que les portions continueront d'être affectées à chaque ménage jusqu'à extinction en ligne directe, pour être ensuite assignées aux plus anciens domiciliés à feu et ménage particulier ;

5.° Un Arrêté du Préfet du 16 avril 1810 qui rapporte des actes précédents relatifs à l'annulation du partage des marais d'Ennevelin, et qui statue que ledit partage recevra son entier effet et que les ayant-droit seront remis en jouissance de leurs portions ;

6.° Une délibération du Conseil municipal du 18 septembre 1813, qui confirme, en ce qui concerne le mode de jouissance, les dispositions de celle du 25 pluviose an X ;

Revu tous les actes et pièces concernant les contestations qui se sont élevées en 1806 et années suivantes sur le maintien ou l'annulation du partage des marais d'Ennevelin, et notamment une lettre de M. le Ministre de l'Intérieur du 28 septembre 1809, qui s'exprime ainsi :

« Il me paraît prouvé que ce partage n'a été qu'un partage de » jouissance. Les co-partageans ne pouvaient, en aucune manière, » disposer de leurs lots ; s'ils décédaient *sans postérité*, ou s'ils quit- » taient la commune, leurs portions faisaient retour à la communauté » qui les accordait au plus ancien habitant *non apportionné*. » Ainsi, la propriété des lots n'ayant jamais été accordée aux co- » partageans, et ceux-ci n'ayant pas profité du bénéfice de la loi » du 10 juin 1793, l'article 1.er du décret impérial du 9 brumaire » an XIII reçoit ici son application et, en exécution de cet article, » les habitans peuvent continuer de jouir, *comme par le passé*, » des biens dont il s'agit ; »

Vu enfin l'article 1.er du décret précité du 9 brumaire an XIII, portant que les « communautés d'habitans qui, n'ayant pas profité » du bénéfice de la loi du 10 juin 1793, relative au partage des » biens communaux, ont conservé, après la publication de cette loi, » le mode de jouissance de leurs biens communaux, continueront » de jouir *de la même manière* desdits biens ; »

Considérant qu'il est suffisamment établi, par toutes les pièces cidessus mentionnées, que le mode de jouissance des marais d'Ennevelin, résultant du partage du 22 mars 1792, et confirmé par une délibération du Conseil municipal du 25 pluviose an X, était, à l'époque de la publication du décret du 9 brumaire an XIII, réglé d'après les dispositions des Lettres-patentes de 1779, en ce que les portions n'étaient conférées aux plus anciens aspirans, qu'après l'extinction de tous héritiers directs des ménages qui en étaient pourvus ; que dès lors ce mode de jouissance doit continuer à recevoir son exécution, aux termes dudit décret ;

Considérant qu'il s'agit ici de la reconnaissance d'un fait dont l'appréciation appartient à l'autorité administrative ;

Arrêtons :

Le mode de jouissance des portions de marais de la commune d'Ennevelin, tel qu'il est réglé par la délibération du Conseil municipal du 25 pluviose an X, continuera à recevoir son effet. En conséquence, lesdites portions continueront d'être affectées à chaque ménage ou feu jusqu'à extinction d'héritiers en ligne directe y vivant en commun, et, après le décès du dernier survivant d'un ménage ou famille, la portion sera assignée au plus ancien domicilié à feu et ménage particulier.

Fait à Lille, le 11 mars 1831.

Pour le Préfet du Nord,

Le Secrétaire-général, Signé PESCATORE.

XIII.

Arrêté *concernant le mode de jouissance des Marais d'Allennes-lez-Marais.*

(20 février 1832.)

Nous, Conseiller d'Etat, Préfet du Nord;

Vu les réclamations qui nous ont été adressées par le sieur Pinchon, François-Marie, domicilié à Allennes-lez-Marais, au sujet du mode suivi dans cette commune, pour la jouissance des portions ménagères de marais, lequel mode serait fondé sur les dispositions des Lettres-patentes de 1779, qui admettent l'aîné des enfants à succéder à la portion de ses parents, tandis qu'on devrait se conformer aux Lettres-patentes de 1777, d'après lesquelles a eu lieu le partage des marais d'Allennes, et qui ne reconnaissent qu'une jouissance viagère à l'expiration de laquelle les portions sont concédées aux plus anciens aspirants;

Vu la délibération du Conseil municipal d'Allennes-lez-Marais, en date du 21 août dernier, qui établit que le mode actuellement suivi a toujours été en vigueur depuis l'époque du partage des marais, opéré en 1780, et que, suivant le dire des plus anciens habitants de la commune, il est conforme au texte même de l'acte de ce partage qui, du reste, ne se retrouve pas;

Vu l'arrêté, en date du 8 décembre, par lequel nous avons délégué M. le juge-de-paix du canton de Seclin pour tenir une enquête administrative dans la commune d'Allennes-lez-Marais, et entendre les plus anciens habitants sur la question de savoir si l'usage adopté pour la concession des portions de marais, en ce qui concerne le droit accordé aux enfants de succéder aux portions de leurs parents, était établi avant l'époque du 9 brumaire an XIII, et a toujours été suivi sans interruption ;

Vu le procès-verbal d'enquête, en date du 6 février courant, et duquel il résulte que dix-huit habitants, nés en 1769 et années antérieures, ont unanimement déclaré que le mode de concession dont il s'agit a été conformément et exactement suivi depuis l'époque du partage de 1780;

Vu les Lettres-patentes de 1777 et 1779 et le décret du 9 brumaire an XIII, portant ce qui suit :

« Les communautés d'habitants qui, n'ayant pas profité du » bénéfice de la loi du 10 juin 1793, relative au partage des » biens communaux, ont conservé, après la publication de cette » loi, le mode de jouissance de leurs biens communaux, conti- » nueront de jouir de la même manière desdits biens.

» Ce mode ne pourra être changé que par un décret rendu sur » la demande des Conseils municipaux, après que le Sous-Préfet » de l'arrondissement et le Préfet auront donné leur avis.

Considérant qu'il est établi, par une délibération du Conseil municipal d'Allennes-lez-Marais et par une enquête administrative, que le mode actuellement en vigueur, pour la jouissance des portions de marais, a été suivi sans interruption depuis l'époque du partage en 1780 et que, conséquemment, ce mode doit continuer à recevoir son exécution, d'après les dispositions du décret précité;

Arrêtons :

Art. 1.er Conformément à la délibération du Conseil municipal d'Allennes-lez-Marais, en date du 21 août 1821, les portions ménagères du marais de cette commune continueront à être concédées aux enfants, après la mort de leurs père et mère, et resteront au dernier de ces enfants qui ne quittera point la communauté, sauf à être accordées aux plus anciens des aspirans, lorsque les ménages s'éteindront sans laisser d'enfans.

Art. 2. M. le Maire d'Allennes-lez-Marais est chargé, en ce qui le concerne, d'assurer l'exécution du présent Arrêté.

Fait à Lille, le 20 février 1832.

Signé : baron MÉCHIN.

XIV.

Projet *de décret soumis à l'Assemblée nationale, sur la mise en culture des communaux.*

(Séance du 28 août 1848).

Art. 1.er Toutes les communes de la République sont tenues de mettre en culture leurs terrains communaux susceptibles d'être avantageusement défrichés et cultivés.

Art. 2. La mise en culture sera opérée ou par la commune elle-même, ou par des fermiers auxquels le fonds communal sera donné à bail.

Art. 3. Dans les deux mois de la promulgation du présent décret ; les Conseils municipaux fourniront, dans une délibération spéciale : 1.° l'état de tous les communaux non cultivés ; 2.° l'indication de ceux qui sont susceptibles d'être assainis, défrichés et cultivés avec avantage ; 3.° le prix de fermage qui peut être exigé annuellement par hectare ; 4.° l'état des communaux déjà cultivés et les moyens d'en augmenter la production.

Si les Conseils municipaux laissent passer le délai ci-dessus fixé sans fournir la délibération dont il s'agit, le Préfet y suppléera par une instruction faite d'office et par tous autres documents.

Art. 4. Après cette délibération ou l'instruction faite d'office, le Préfet fera procéder dans la commune intéressée à une enquête de *commodo et incommodo* sur tous les points indiqués dans l'article précédent.

Art. 5. Sur le vu de la délibération et de l'enquête, le Préfet désignera les terrains qui devront être mis en culture.

Néanmoins, si la délibération du Conseil municipal est contraire à l'amodiation, ou s'il n'est pas intervenu de délibération dans le délai fixé par l'article 3, les pièces de l'instruction seront communiquées au Conseil général du département, qui donnera son avis motivé avant qu'il soit statué par le Préfet.

Art. 6. En cas d'amodiation, les terrains seront divisés par lots égaux.

Un lot sera attribué sans enchères à chaque chef de famille ou de maison, ayant son domicile réel et fixe dans la commune et qui voudra le prendre à bail.

L'étendue et le fermage annuel de chaque lot seront fixés par le Préfet, sur la proposition du Conseil municipal, et, à défaut, sur celle du Conseil général. Le prix de fermage devra toujours être inférieur au revenu réel du terrain affermé.

Art. 7. Le Conseil municipal dressera une liste de tous les habitants chefs de famille, en commençant par les moins aisés, et ceux-ci auront, dans l'ordre de la liste, la préférence pour prendre les lots à bail, lorsque le nombre ne sera pas égal à celui des chefs de famille.

Si le nombre des lots est égal à celui des chefs de famille, les lots seront tirés au sort entre tous ceux qui voudront devenir fermiers.

Si aucun habitant ne se présente pour profiter du bénéfice du présent article et du précédent, ou, lorsque tous ceux qui l'auront demandé auront été lotis, les lots restant sans attribution seront affermés aux enchères avec publicité et concurrence.

Dans ce dernier cas, plusieurs lots pourront être réunis.

Art. 8. Les baux seront consentis pour douze ans au moins, et vingt-quatre ans au plus, suivant que le Conseil municipal l'aura décidé, avec condition expresse de défrichement et de culture, dans un délai fixé.

Art. 9. A l'expiration du bail, chaque lot sera de nouveau affermé aux enchères publiques, en faveur de toutes personnes, et pour une durée égale à celle de la première amodiation.

Si le fermage annuel ainsi obtenu est supérieur à celui du premier bail, l'excédant sera partagé, pendant toute la durée du second bail, entre la commune et le précédent fermier ou ses ayant-droit.

Cet avantage ne sera pas dû au fermier, lorsque, conformément au dernier paragraphe de l'article 7, les baux auront été faits aux enchères publiques.

Art. 10. Dans le cas où les terrains désignés dans les articles 1 et 5 n'auraient pu être affermés, et où la commune ne les aurait pas elle-même mis en culture, le Préfet, après avoir mis en demeure le Conseil municipal, pourra d'office imposer la commune dans les limites fixées par l'article 39 de la loi du 18 juillet 1837, ou porter au budget communal une somme qui ne pourra être supérieure au dixième des recettes ordinaires de la commune et de ses capitaux disponibles.

Le Préfet prescrira alors le mode de culture ou d'amélioration, et ordonnera les travaux nécessaires.

Art. 11. Dans le cas où l'on admettrait le boisement comme moyen de mise en culture, il sera vendu, dans les formes voulues par la loi, une portion du communal jusqu'à concurrence de la somme nécessaire à la dépense de l'opération, à moins que le Conseil municipal n'ait indiqué d'autres ressources pour y subvenir.

Art. 12. La mise en culture des biens communaux pourra avoir lieu partiellement, et toutefois de manière à ce que, dans chaque année qui suivra le présent décret, l'opération soit faite sur l'étendue de terrain déterminée par un Arrêté du Préfet, sur l'avis du Conseil municipal.

Art. 13. Tout terrain communal, susceptible d'être défriché et cultivé, et qui serait indivis entre plusieurs communes ou plusieurs sections de commune, ou entre des communes, sections de commune et des particuliers, sera partagé entre elles, dans le délai d'une année, afin que les dispositions précédentes puissent y être appliquées.

Art. 14. Les baux faits en vertu du présent décret seront reçus et constatés par le maire de la commune, assisté de deux conseillers municipaux désignés d'avance par le Conseil, ou, à défaut, appelés dans l'ordre du tableau.

Ces baux emporteront exécution parée, lorsqu'ils auront été rendus exécutoires par le Préfet.

Art. 15. Pour faciliter l'exécution de l'article précédent, le Préfet rédigera un réglement contenant les charges, clauses et conditions générales de l'amodiation des terrains communaux dans le département. Ce réglement sera soumis au Conseil général dans sa première session, après la promulgation du décret, et ne sera définitif qu'après son approbation.

Art. 16. Chaque année, il sera rendu compte à l'Assemblée nationale, par le ministre de l'intérieur, de l'exécution du présent décret et de ses résultats.

Art. 17. La loi du 10 juin 1793, autorisant les communes à partager les biens communaux, est abrogée.

XV

Rédaction *préparée en 1847 par le Conseil d'État, pour servir de base à la présentation d'un projet de loi sur la matière.*

Art. 1.er Lorsqu'il paraîtra conforme aux intérêts de l'agriculture et des communes qu'un bien dont la jouissance est commune entre les habitants soit mis en culture et affermé, le Préfet, par un Arrêté spécial, appellera le Conseil municipal à délibérer :

1.° Sur les avantages et les inconvénients du changement à opérer dans le mode de jouissance;

2.° Sur les divers modes d'amodiation qui pourraient être employés.

Art. 2. Dans les deux mois de la notification de l'Arrêté du Préfet, le maire réunira le Conseil municipal, auquel seront adjoints, en nombre égal, les plus imposés, suivant les formes indiquées dans les paragraphes 2 et 3 de l'article 42 de la loi du 18 juillet 1837.

Art. 3. Lorsque le Conseil municipal aura délibéré, ou après l'expiration du délai ci-dessus fixé, le Préfet fera procéder à une enquête *de commodo et incommodo* dans la commune intéressée.

Art. 4. Si l'amodiation est votée par le Conseil municipal, il sera statué par le Préfet, en Conseil de préfecture.

Toutefois, une Ordonnance royale, rendue dans la forme des réglements d'administration publique, sera nécessaire dans les cas d'amodiations proposées pour plus de dix-huit années.

Art. 5. Si la délibération du Conseil municipal est contraire à l'amodiation, toutes les pièces de l'instruction seront successivement communiquées au Conseil d'arrondissement et au Conseil général du département, afin qu'ils aient à donner leur avis motivé.

Il sera ensuite statué par une Ordonnance royale rendue dans la forme des réglements d'administration publique.

Fin.

TABLE.

Fin de la Table.

ERRATA.

Page 8 ligne 18, au lieu de *s'organisa* lisez *l'organisa*.

Page 13 ligne 17, au lieu de *avait* lisez *avant*.

Page 34 ligne 12, au lieu de *précetion* lisez *réception*.

Page 36 ligne 32, au lieu de *parlementaire* lisez *réglementaire*.

Page 49 ligne 8, au lieu de *n'aient pas été* lisez *n'aient été*.

Page 56 ligne 12, au lieu de 10 *mai* lisez 10 *juin*.

Page 61 ligne 15 au lieu de *gentes* lisez *gentem*.

Page 74, dans le tableau des communes, à la colonne de la Législation nous avons cité, pour Annœulin, l'arrêt du conseil de 1779.

Il est vrai qu'un usage fréquemment invoqué tend à appliquer à cette commune la Législation de 1779, modifiée en ce sens que tous les héritiers du détenteur jouissent de la portion délaissée par les père et mère jusqu'à extinction du dernier marié des enfants ; mais il faut dire cependant que le marais d'Annœulin a été partagé d'après les Lettres-patentes du 27 mars 1777.

Page 76, au mot Carnin *il ne doit pas y avoir d'astérisque*.

Cette commune ne figure pas au nombre de celles qui ont provoqué en 1829 par leurs délibérations l'Arrêté du 12 mars 1830.

Page 125 ligne 4, au lieu de *conformément* lisez *uniformément*.

Page 125 ligne 24, au lieu de 1821 lisez 1831.

Notre ouvrage était terminé, quand le hasard a fait tomber dans nos mains plusieurs documents qui ne sont pas sans importance. Nous les consignons dans un *Appendice* que le lecteur voudra bien consulter.

APPENDICE.

I.

ARRÊTÉ *du Préfet du Nord relatif aux habitants des hameaux détachés du territoire d'Annœulin et réunis à Carnin.*

(28 Juin 1819.)

Nous Préfet du département du Nord,

Vu la pétition des membres du Conseil municipal de Carnin, par laquelle ils exposent que trente familles de la commune d'Annœulin sont destinées, par l'effet de la nouvelle délimitation de son territoire, à être réunies à la commune de Carnin, et demandent que ces familles soient, nonobstant cette circonstance, maintenues dans la jouissance des portions ménagères qu'elles occupent au marais d'Annœulin;

Vu la délibération du Conseil municipal de cette dernière commune,

Les observations du contrôleur et le rapport du directeur des contributions.

Considérant que les habitations des familles dont s'agit formaient une enclave dans le territoire de Carnin, et qu'en exécution de la loi et des dispositions du recueil méthodique sur le cadastre, cette enclave a du être réunie à la commune de Carnin, pour en faire désormais partie intégrante ;

Que, d'aprés les mêmes réglements, les opérations ayant pour but la répartition de la contribution foncière, et principalement la délimitation du territoire des communes, ne préjudicient en rien aux droits de propriété ou d'usage des particuliers, que ces principes s'accordent d'ailleurs avec les principes établis par l'instruction annexée à la loi du 1.er octobre 1790,

Arrêtons :

Art. 1.er. Les habitants des hameaux détachés du territoire d'Annœulin et réunis, d'après la délimitation cadastrale, à celui de Carnin, sont maintenus dans la possession des portions ménagères qui leur ont été assignées dans les marais de la première de ces communes.

Art. 2. Ils en jouiront conformément aux Lettres-patentes de 1777, et les autres habitants de ces hameaux concourront avec ceux d'Annœulin, selon leur ordre d'inscription sur le registre des aspirants, pour obtenir, à leur tour, la concession des portions ménagères qui deviendraient vacantes.

Art. 3. Expédition du présent Arrêté sera transmise aux maires d'Annœulin et de Carnin, lesquels sont chargés, chacun en ce qui le concerne, d'en assurer l'exécution.

Nous devons ajouter à cet Arrêté, et comme élément d'interprétation, le passage suivant d'une lettre adressée le 25 septembre 1829, par le Préfet, au Maire d'Annœulin qui demandait que le droit accordé aux possesseurs actuels des terrains détachés ne fut pas continué à leurs successeurs : « Tous les individus qui avaient des » portions, lorsque leur domicile a été séparé du territoire d'An- » nœulin, doivent les conserver et en jouir comme les habitants » d'Annœulin ; ceux qui avaient, à la même époque, le droit d'être » portés sur le registre des aspirants doivent, à leur tour, obtenir les » portions vacantes ; mais tout s'arrête à l'époque de la nouvelle » délimitation, et l'on ne peut reconnaître aucun droit postérieur. »

Les habitants des hameaux réunis à Carnin, tant que dura leur jouissance viagère, occupèrent sans difficulté leurs portions situées sur le territoire d'Annœulin; quelques-uns, même, invoquèrent leur droit d'aspirance, antérieur à la séparation, pour obtenir des parts vacantes. Mais, en 1849, le Conseil municipal d'Annœulin, prétendant que le droit de jouir des portions sises à Annœulin ne devait appartenir qu'à ceux des habitants des hameaux détachés, existants au moment de la séparation, fit solliciter, par l'organe de son maire, la dépossession de dix-sept détenteurs qui n'auraient, suivant lui, été pourvus que postérieurement à la nouvelle délimitation, et en vertu d'un mode d'attribution et de transmission contraire aux Lettres-patentes de 1777 et à l'esprit de l'Arrêté de 1819.

Le maire de Carnin répondit, pour ses dix-sept administrés, qu'à la vérité ils ne possédaient pas leurs portions suivant les principes des Lettres-patentes de 1777, mais qu'ils en jouissaient en conformité de l'usage établi à Annœulin et comme les habitants d'Annœulin eux-mêmes.

Il paraît, en effet, constant que, bien que le partage des marais d'Annœulin eût été opéré sous l'empire des Lettres-patentes de 1777, qui ne reconnaissent que la jouissance viagère, reportée au conjoint survivant, une tolérance que vient expliquer, jusqu'à un certain point, l'incertitude sur la législation, aurait, non-seulement attribué les portions délaissées par les pères et mères aux héritiers en ligne directe, mais aurait encore, dépassant en cela le vœu de l'arrêt de 1779, étendu cette jouissance au dernier marié de ces héritiers.

Disons tout de suite que la consécration de ce prétendu usage fut vainement demandée par la délibération du Conseil municipal d'Annœulin du 24 juin 1829. Le Préfet ne jugea pas convenable de transmettre au ministre ce vœu *formellement contraire à l'article* 8 *des Lettres-patentes de* 1777 *dont il renverserait tout le système*. (Observation du Préfet du Nord du 13 mars 1830.)

Le Conseil de préfecture, saisi de la question, a rendu, le 23 janvier 1850, une décision par laquelle, appliquant, en principe, la législation de 1777, mais tenant compte, dans une juste mesure, d'un usage abusivement introduit, il maintient les 17 détenteurs dans la possession de leurs portions, et limite, au profit de l'aîné mâle seulement, suivant la règle de l'Arrêt de 1779, la jouissance des portions dont plusieurs enfants d'une même famille auraient hérité à la fois.

II.

Délibération *des Lieutenants et Asséeurs, corps et communauté des habitants du village de Gondecourt* (1).

(27 Juillet 1773.)

Nous, lieutenants et asséeurs du village de Gondecourt, châtellenie de Lille, en Flandres, ayant, en conséquence du vœu unanime de nos habitants, dans l'assemblée de communauté tenue ensuite de trois publications, et après convocation au son de la cloche, en la manière accoutumée, par-devant M. d'Helleme, subdélégué à Lille de monseigneur de Caumartin, intendant de Flandres et d'Artois, le 16 mai dernier, été, par ordonnance de mondit seigneur l'intendant, du 21 du même mois, sur notre requête, autorisés à ce qui suit, savoir :

1.° A affermer pour douze années le nombre de bonniers de notre marais qu'il sera nécessaire pour former et produire la

---

(1) Nous n'avons pu que tardivement nous procurer cette délibération, vainement recherchée aux Archives de la commune et du Département.

somme de huit mille florins, à la charge, par les adjudicataires de la partie ainsi affermée dudit marais, de payer d'avance et comptant le fermage desdites douze années, et, par ce moyen, nous dispenser de recourir à des emprunts onéreux que nous aurions été nécessités de faire en rentes héritières à la charge de notre communauté, pour acquitter ce qui nous reste à payer, et pourquoi nous sommes vivement poursuivis, des frais et dépens très-considérables engendrés par le procès sur triage, contre le seigneur dudit Gondecourt, que nous avons perdu par arrêt du conseil de Douai, du 4 août 1772.

2.° A adjuger le surplus dudit marais aux conditions ordinaires des baux, pour, les deniers qui en proviendront être employés à la libération et aux besoins de notre dite communauté, à la charge d'en rendre compte à la manière accoutumée. Nous étant spécialement et extraordinairement assemblés pour, dans le cas du défrichement total du surplus des deux tiers dudit marais qui nous sont restés en propre par le partage fait avec ledit seigneur, en vertu dudit arrêt, autorisé par ladite ordonnance, en conséquence du vœu unanime de tous nos dits habitants dans ladite assemblée de communauté, délibérer sur la manière de défrichement la plus avantageuse à notre dite communauté et la plus agréable à nos dits habitants.

Considérant que l'établissement des portions de marais possédées à vie par les plus anciens mariés de la paroisse, communément et de toute ancienneté nommées wardelles, qui a lieu depuis un temps immémorial dans notre communauté, est fondé sur le vœu naturel de l'accroissement de la population et sur la justice de la récompense de ceux qui, par une union légitime, ont contribué à l'accomplissement de ce vœu et du désir de l'État;

Considérant, de plus, que par le partage qui s'est fait, en vertu dudit arrêt, avec le seigneur de notre communauté, plusieurs desdites wardelles se trouvaient éteintes et anéanties, comme incorporées dans son tiers, et qu'il ne serait pas juste que ceux qui en étaient pourvus fussent la victime de ce partage, tandis que les wardelles qui n'ont pas été comprises dans ce tiers seraient conservées à leurs possesseurs;

Considérant, en outre, qu'au lieu de diminuer le nombre desdites wardelles, il convient au contraire de l'augmenter, tant parce que depuis leur ancien établissement le nombre des mariages de la communauté est considérablement accru, que pour engager encore davantage à la population, par l'appât d'une concession rémunératoire à vie à ceux qui y contribuent par le mariage.

Considérant enfin que si, d'un côté, les besoins et les charges de la communauté en entretien des ponts et chaussées, d'horloge, d'école et autres édifices publics, et gages de barriéreurs, de messiers, maîtres d'école, etc., et frais de sonnerie, entretien et refonte des cloches, et autres objets relatifs tant au service divin et à celui du roi, qu'à la police et à l'administration de la communauté, exigent qu'une partie de notre dit marais soit loué à son profit; d'un autre côté, le désir de nos habitants serait que tous ceux qui ont feu et établissement particuliers, eussent chacun une portion dudit marais à défricher, moyennant un fermage modique, pour, de cette manière, leur procurer un moyen de subsistance par l'exploitation et jouissance assurée, pendant leur vie, des portions qui leur seront échues par assignation en forme de partage viager.

Après nous être fait représenter et avoir mûrement examiné le plan général de notre dit marais, levé en exécution de ladite ordonnance de monseigneur l'intendant, et avis pris à Lille sur tous ces objets;

Avons, sous l'agrément de mondit seigneur de Caumartin, intendant de cette province, et si besoin est, sous le bon plaisir de Sa Majesté, en cas que notre résolution ci-après soit consentie et agréée par mesdits habitants, résolu par forme de projet ce qui suit:

1. Les Wardelles, qui n'ont pas été comprises dans le lot du

seigneur, continueront à être possédées par ceux qui en sont actuellement en possession, à la seule charge uniforme de celles qui paient la plus haute redevance annuelle.

2. Pour dédommager ceux dont les wardelles ont été incorporées dans ledit lot, et en augmenter le nombre, il en sera établi soixante-et-dix-neuf nouvelles dans les parties ou divisions *grand* 16 et *grand* 18, ou HH et DD du plan, contenant quatre bonniers quinze cents soixante-six verges, et ces wardelles seront tirées au sort entre les soixante-sept dépossédés des leurs, et les douze plus anciens mariés de la paroisse, soit actuellement mariés, soit veufs ou veuves, et assujettis à la seule charge et prestation des autres wardelles.

3. Chacun continuera, à l'avenir, de parvenir à la possession d'une wardelle, selon son rang d'ancienneté de mariage, et sera obligé de se contenter de la wardelle que son prédécesseur aura laissé vacante.

4. Toute veuve, native ou étrangère de Gondecourt, continuera à jouir de la wardelle dont jouissoit son mari, tant pendant la viduité qu'en cas de remariage avec un homme sans wardelle; mais à sa mort, sa wardelle deviendra vacante, sans que son second ou ultérieur mari puisse continuer à en jouir ni en espérer d'autre, avant son tour par rang d'ancienneté de mariage, et si une veuve, jouissant d'une wardelle, se remarie à un homme qui en ait aussi une, ces nouveaux mariés seront tenus d'abandonner l'une ou l'autre des deux wardelles à leur choix, et le survivant d'eux conservera la jouissance de la wardelle qu'ils auront choisie, tant et si longtemps qu'ils ne se rencontrera pas duplicité de wardelle comme dessus.

5. Tous les habitans actuels, natifs ou étrangers de Gondecourt, auront droit de parvenir à leur tour, suivant leur rang d'ancienneté de mariage, à une wardelle; mais les étrangers qui pourroient ci-après s'y établir, à moins que d'avoir épousé une fille ou veuve native de la paroisse, et d'y avoir fixé leur domicile avec elle, en seront absolument exclus.

6. En cas qu'aucun possesseur de wardelle vienne à quitter le domicile de Gondecourt, sa wardelle sera vacante et succédera suivant ledit usage des wardelles, sans qu'en cas de retour il puisse y être rétabli, sauf par lui à succéder à la première qui viendra à vaquer.

7. Les parties des marais actuellement défrichés continueront d'être louées en bail ordinaire, au plus offrant et dernier enchérisseur, au profit de la communauté, pour fournir à ses charges et autres besoins, en la manière et de l'autorité accoutumée.

8. On adjugera de même, et au même profit, à usage de pêcherie, l'inondation appelée la Deûle, n.° 211, dans la partie ou division *grand* 8, ou VV, audit plan, contenant un bonnier six cents, à l'extrêmité du marais, proche de la rivière de la Deûle et du bac de Wavrin.

9. La portion n.° 212, dans la même division ou partie, le long de la rivière de la Deûle, à l'extrêmité occidentale de ladite inondation, contenant cent cinquante verges, restera à usage de rivage ou de port, pour la commodité de la communauté et ses habitans, pour le chargement et déchargement des bateaux.

10. L'inondation n.° 245, dans la partie ou division *grand* 11, ou OO, contenant, avec les bords qui y sont laissés, suivant ledit plan, un demi bonnier, restera à l'usage du rouïssage de lin.

11. Toutes les autres inondations passagères, ou terres dégradées, en quelque état qu'elles se trouvent dans les parties ou divisions côtées *grand* 4, 5, 11, 12 et 13, ou RR, SS, OO, NN et MM, n.ºs 67, 68, 69, 74, 75, 76, 77, 78, 79 et 80, dans ladite division *grand* 4 ou RR, n.ºs 146, 147 et 148, dans ladite division *grand* 5, ou SS, n.ºs 238, 239, 240, 241, 242, 246 et 247, dans ladite division *grand* 11 ou OO, n.ºs 248, 249, 250, 253, 254, 255 et 256, dans ladite division *grand* 12 ou NN, et n.ºs 263, 264, 265, 266, 267 et 268, dans ladite division *grand* 13 ou MM, seront aussi louées, avec les terres non dégradées auxquelles elles correspondent, et qui font partie desdits numéros

respectifs, dans les alignements marqués audit plan, au plus offrant et dernier enchérisseur, au profit de la communauté, aux usages seulement, soit de labour, soit de prairie ou pâture, soit de plantis, sans pouvoir par les locataires, y établir de pêcherie ni de tourberie ou autre exploitation dégradant la superficie ou le fonds, et en cas d'emploi à l'usage de plantis, et que le bail, à son expiration, ne soit point continué à son adjudicataire, son successeur ou la communauté devront lui faire raison de la valeur des arbres et taillis qui s'y trouveront, sur le pied d'une prisée à rester et à croître, s'ils ne sont pas parvenus à maturité, ou d'une prisée à emporter, s'ils sont en âge d'abattis, le tout au dire d'experts, s'il n'en est amiablement convenu.

12. Comme, dans le contour du marais, le long et en correspondance des portions actuellement louées au profit de la communauté, il se trouve une certaine bande, ou bordure, de terrein devenu libre par l'abattis des plantis du seigneur, qui en a perdu le droit par l'assignation de son tiers dans ledit marais, ledit terrein, à la réserve des n.os 235, 236 et 237 ci-après, sera réuni et incorporé aux portions auxquelles il correspond, et les locataires de celles-ci tenus de payer augmentation de fermage en raison de leurs accroissements respectifs de portion et de fermage courant de leurs portions actuelles.

13. Lesdites portions n.° 235, 236 et 237 qui bordent à l'est une partie précédemment défrichée dans la partie ou division *grand* 10 ou **PP**, étant aussi susceptibles de réunion aux défrichées qui y aboutissent, elles y seront pareillement réunies, si les occupeurs de celles-ci veulent consentir à une augmentation proportionnelle du prix de leur fermage, sinon elles seront louées séparément en bail ordinaire au profit de la communauté.

14. Le surplus dudit marais consistant en plus de trente bonniers, dont les parties sont désignées par *A* au plan paraphé reposant à la subdélégation de Lille, sera divisé en deux cent cinquante-deux portions, nombre actuel des feux ou ménages de la paroisse,

chaque portion de deux cents ou environ, et sera partagée et assignée en la manière et aux charges, clauses et conditions qu'il suit :

15. Comme les ménages du curé, du vicaire et du clerc sont permanens, il leur sera assigné invariablement, savoir : au curé et au vicaire, la portion n.° 30 située au plat marais, dans la partie ou division côtée *grand* 2 ou FF, pour en jouir à perpétuité en leurs qualités, en une seule portion, ou deux entre eux, selon qu'ils trouveront à propos, et au clerc paroissial, la portion n.° 39, située dans la division côtée *grand* 3 ou GG, pour en jouir seul, aussi à perpétuité en sa qualité, à condition par ce dernier que si, en parvenant à la clergerie paroissiale, il jouissait d'une portion ménagère, il sera tenu d'abandonner cette dernière, quand même elle serait meilleure que la cléricale, pour succéder à un autre ménage s'il s'en trouve, sinon être louée au profit de la communauté, comme il sera arrêté ci-après.

16. Chacun des deux cent quarante-neuf ménages restants, sans distinction d'état, c'est-à-dire de mariage, de viduité ou de célibat, tirera au sort une de ces deux cent quarante-neuf portions ménagères restantes, pour en jouir jusqu'à son extinction, ou cessation, de sorte que ladite jouissance sera attachée, non à la personne, mais au feu, c'est-à-dire au ménage ou établissement particulier, sans qu'aucun habitant ayant quitté feu ou ménage puisse continuer de jouir de deux portions, que l'on nomme ménagères, à cause de leur assignation au ménage.

17. Chaque portionnaire, sans aucune exception, sera tenu de payer, par forme de rente foncière ou de cens, franc et net argent, à la communauté, à raison d'un demi-havot de bled-froment au cent par an, sur le pied de la prisée de la Saint Remi de l'espier de Lille, à commencer de la Saint Remi prochaine, et, faute par tout portionnaire d'avoir payé sa redevance à la mi-mars, après l'échéance de chaque année, les fruits croissant sur sa portion seront, sans aucune sommation ni formalité de justice, légalement et par préférence à tous autres créanciers hypothécaires quelconques,

hypothéqués, affectés et impignorés au paiement de l'année échue, à la Saint Remi précédente, de sondit cens, et les bailli, lieutenant et autres administrateurs des biens et revenus de la communauté, autorisés à les faire vendre après trois affixions, au plus offrant et dernier enchérisseur, par l'un de leurs sergents, tous frais et salaires dûs à cet effet à la charge du défaillant ou reliquataire.

18. Personne ne pouvant jouir de deux portions à la fois, si deux portionnaires viennent à se marier ensemble, ils seront tenus d'en abandonner une à leur choix.

19. La jouissance d'une wardelle n'empêchera pas celle d'une desdites portions ménagères.

20. Pour succéder à l'avenir aux portions ménagères qui viendront à vaquer, il faudra être natif de Gondecourt, ou avoir épousé une fille ou veuve qui en soit native, et y demeurer avec elle à feu et en ménage particuliers.

21. Si, comme on l'espère et qu'il est arrivé depuis l'etablissement des wardelles, le nombre des feux augmente, les feux ou ménages surnuméraires, pour parvenir à une portion, devront attendre qu'il y en ait une vacante, et n'en seront pourvus que par rang d'ancienneté d'établissement en ménage particulier. Si, au contraire, le nombre des feux vient à diminuer, les portions surnuméraires seront louées au profit de la communauté, mais pour trois ans seulement, afin que les nouveaux feux, qui pourraient s'établir, ne soient pas dans le cas d'attendre plus longtemps pour être portionnés comme les autres : mais ladite jouissance intermédiaire, par la communauté, des portions mènagères vacantes, n'aura point lieu à l'égard de celle du curé, du vicaire et du clerc, et les fruits intermédiaires en seront réservés pour leurs successeurs.

22. Tout habitant qui quittera le domicile de Gondecourt perdra la jouissance de sa portion, qui passera à un autre feu ou ménage, s'il y en a de non-portionné, sinon sera louée comme dessus, en attendant qu'il y en ait, et, en cas de retour, il succédera à la

première qui viendra à vaquer par expiration de location triennale ou autrement.

23. Les chemins et les fossés que la communauté a fait faire et ceux qu'elle pourrait trouver à propos de faire, soit pour la facilité des communications, soit pour l'écoulement des eaux, seront entretenus par les riverains, occupeurs tant de wardelles et de portions ménagères qu'en bail, lesquels seront tenus d'entretenir les uns et les autres en largeur, bombage, régalement, pente, talus et profondeur, en si bon état que les premiers soient praticables en tout temps, et que les seconds n'interceptent ou ne retardent, en aucun temps, l'écoulement des eaux.

24. Pour prévenir les difficultés qui pourraient survenir entre les prédécesseurs et leurs héritiers et les successeurs en occupation, soit de wardelles, soit de portions ménagères, ceux-ci, en succédant à ceux-là, devront leur faire raison, au dire d'experts, règle de fermier, de ce dont la terre se trouvera avêtie, ainsi que des fers, semences, graisses et amendices, et s'il y échet, des sèves et rejets.

25. Les portionnaires ne pourront mettre leurs portions qu'à usage de labour, ou de prairie, ou pâture, ou, si le sol n'y est pas propre, de plantes, à péril, en cas d'emploi à tout autre usage, sans la permission expresse, par écrit, des chefs de la communauté ou autres pertinens, de tous dommages-intérêts, du rétablissement à leurs frais du terrain en du état, et d'être privés de leur portion, sans pouvoir y être rétablis qu'après deux triennats de location au profit de la communauté.

26. La faculté de planter le long et sur les bords des chemins et des fossés que la communauté aura fait faire n'appartiendra qu'à elle seule, et, en conséquence, elle jouira privativement des sèves et rejets des arbres qu'elle aura fait planter, et qu'elle pourra faire abattre, quand il lui plaira, et remplacer par d'autres, sans dédommagement auxdits occupeurs ou possesseurs.

Et afin que tous et chacun des habitants de notre communauté soient duement informés de notre projet d'arrangement ci-dessus, ils seront avertis par lecture et affixion de billets convenables, au sortir des messes haute et basse, paroissiales et des vêpres, les dimanches, 8, 15 et 22 août prochain, que, le lundi 23 du même mois, après avoir fait sonner la cloche en la manière accoutumée, pour convoquer tous les habitants, nous serons assemblés au lieu ordinaire de nos assemblées, depuis huit heures du matin jusqu'à midi, pour leur présenter le plan tant dudit marais en général, que de sa division et distribution, et de l'emploi en projetté, leur exposer notre dit projet, recevoir leurs consentements ou leurs causes et moyens d'opposition, s'il s'en trouve, en dresser procès-verbal, et, finalement, nous pourvoir là et ainsi qu'il appartiendra, relativement à ce qui aura été délibéré, déclarant que tous ceux qui n'auront pas formé opposition, tant absents que présents, seront censés avoir consenti et acquiescé audit projet.

Fait, en notre assemblée extraordinaire, à Lille, après conseil pris le vingt-sept juillet mil sept-cent-soixante-treize.

Signé : Jean-François-Joseph Duponchel, lieutenant-bailli dudit Gondecourt; Pierre-Louis Desbiens; Louis-Joseph Marchand ; Jean-Philippe Emmanuel Delefosse, et Pierre-Anselme Rose, asséeurs.

Après trois publications qui ont eu lieu les 8, 15 et 22 août 1773, la délibération ci-dessus a été homologuée par un Arrêt du Conseil d'État du Roi du 15 juin 1774.

Nous avons eu plusieurs fois l'occasion, dans le cours de cet ouvrage, de nous occuper de la portion du curé. Nous avons montré le ridicule de l'opposition soulevée à ce sujet en 1779; nous avons cité, *in extenso*, l'Arrêt du Conseil d'État du Roi du 13 mai 1784, qui accorde au desservant de Warlaing le droit de jouir d'une portion ménagère dans la commune, siége de son bénefice, bien qu'il ne fût pas natif de cette commune, et qu'il ne pût pas y épouser une native (condition exigée par les Lettres-patentes de 1777); nous aurions pu rappeler les prétentions de certains maires qui, pour refuser ces portions aux curés, s'appuyaient sur l'impossibilité où se trouvaient ces ecclésiastiques de les exploiter par eux-mêmes.

Une question non moins intéressante, et sur laquelle déjà, dans sa requête, le curé de Warlaing avait appelé l'attention de l'autorité, vient d'être soumise au Conseil de préfecture: il s'agit de savoir si la portion attribuée au curé, lors du partage, doit être spécialement affectée à la cure, de telle façon qu'à la mort ou à la retraite du titulaire, elle passe à son successeur.

Le Curé de Gondecourt, dans le litige actuel, expose qu'en vertu d'un réglement délibéré pour la commune dont il est le desservant, le 27 juillet 1773, la portion du curé devait être invariable, qu'elle n'avait été écartée de sa destination que pendant les troubles révolutionnaires; qu'au retour de l'ordre, cette portion étant occupée par un habitant, ni son prédécesseur, ni lui, n'avaient voulu troubler une jouissance de bonne foi, en insistant pour un échange; mais qu'aujourd'hui, la portion étant vacante, par le décès du sieur Gravelaine, il y avait lieu de revenir à l'affectation primitive.

Il invoque à l'appui de sa demande, indépendamment du réglement précité, une lettre du Préfet du 21 octobre 1837, et une délibération du Conseil municipal de Gondecourt, du 2 septembre de la même année.

Le Conseil municipal de Gondecourt, sans denier, au fond, *quant à présent*, le privilége du curé, oppose une sorte de fin de non recevoir, résultant de ce que, en l'absence de toute décision administrative antérieure, réglant sur ce point la position du curé, la portion ménagère délaissée par Gravelaine est acquise de droit au premier aspirant inscrit.

Le Conseil de préfecture a rendu le 1.er février la décision qu'on va lire :

« Considérant qu'aux termes de l'article 15 de la délibération des lieutenants et asséeurs, corps et communauté des habitants du village de Gondecourt, en date du 27 juillet 1773, homologuée par l'arrêt du Conseil d'État du roi du 15 juin 1774, une portion spéciale de marais était invariablement assignée au curé pour en jouir à perpétuité en sa qualité ;

» Que cette portion attribuée, non au curé personnellement, mais à la cure, devait être permanente comme elle.

» Considérant qu'il est résulté de l'instruction que les curés de Gondecourt ont joui de leurs portions, suivant le vœu de l'article 15 de la délibération précitée, jusqu'à la révolution de 1789 ;

» Que si, lors du rétablissement du culte, le curé, rentré dans son presbytère, a pu songer un instant à rentrer aussi dans les portions ménagères qui en dépendaient, il a du s'incliner devant les prescriptions de l'administration préfectorale qui a sagement fait respecter la jouissance d'un occupeur de bonne foi ;

» Considérant que ces portions étant aujourd'hui devenues vacantes, il parait équitable de les restituer au curé actuel, au moyen d'un échange facile à opérer entre lesdites portions et celles que le curé détient à titre provisoire ;

» Que le retour à cette affectation permanente des portions dans les mains du curé, loin de constituer un privilége en désaccord avec la législation moderne, est au contraire une mesure de convenance et d'ordre public, suffisamment justifiée par la position spéciale du desservant ; Que vainement, en la forme, le Conseil municipal de Gondecourt voudrait repousser l'échange réclamé, en objectant qu'à défaut d'un arrêté du Préfet, statuant préalablement sur la demande du curé, la portion vacante a été acquise de plein droit au plus ancien aspirant par le fait de la mort du détenteur ;

» Qu'il est de principe, en cette matière, que, à la mort du détenteur, les portions font retour à la communauté, pour être ensuite assignées, au moyen d'un arrêté d'envoi en possession, à l'habitant qui justifie de son ancienneté;

» Que la prétention, à cet égard, du Conseil municipal, opposée à la demande du curé, soulève un litige, dont la connaissance appartient au Conseil de préfecture, juge du contentieux, en premier ressort.

» Considérant qu'il n'est pas dénié que les portions vacantes soient celles que la délibération de 1773 attribuait au curé.

Arrête :

« Art. 1.er. Les portions ménagères, occupées provisoirement par le demandeur, seront échangées contre les portions originairement assignées au curé et devenues vacantes par le décès du sieur Gravelaine.

» Art. 2. Les portions délaissées par le curé feront retour à la communauté pour être attribuées à l'habitant qui justifiera de son droit à les obtenir.

» Art. 3. Le curé fera compte des impenses avec les héritiers du sieur Gravelaine, ainsi qu'il est de droit et d'usage de le faire entre les successeurs en occupation de portions ménagères.

» Art. 4. M. le maire de Gondecourt est chargé de l'exécution du présent arrêt.

III.

Nous citerons, en terminant, trois propositions faites à l'Assemblée législative, et qui ont quelque rapport avec le travail qui nous occupe :

La première, de M. Favreau, a pour but de contraindre au partage des terres vaines et vagues, possédées indivisement par les particuliers, en facilitant les moyens de procédure.

On peut utilement consulter, sur cette matière, l'excellent rapport de M. De Blois (*Moniteur* du 20 Janvier 1850). (1)

La seconde, de M. De Goulhot de Saint-Germain, est relative à la mise en valeur des biens communaux.

« L'état déplorable des biens communaux, en France, est notoire, dit l'honorable M. Goulhot; livrés le plus souvent à la dévastation et au pillage, ces biens demeurent improductifs, et perdent chaque jour de leur valeur.

» Il faut les soumettre à des règles administratives qui, tout en respectant le droit de propriété des communes, les protègent contre l'inertie ou la cupidité des habitants, en augmentent la valeur et les fassent produire ce dont ils sont susceptibles.

» Nous ne devons pas tolérer davantage cet affligeant spectacle de l'abandon absolu des biens des communes, quand, auprès d'eux, dans les mêmes conditions, nous voyons la propriété privée, floris-

---

(1) Cette proposition vient d'être renvoyée à l'examen du Conseil d'État.

sante et productive. Ce contraste suffit seul pour témoigner de l'insuffisance de la Législation actuelle, et de la nécessité d'y remédier; les communes et l'État sont également intéressés à ce que cet état de choses ne subsiste pas plus longtemps.

» Dans le projet que nous avons l'honneur de vous soumettre, nous nous sommes attachés à modifier le moins possible les lois antérieures.

» Nous nous sommes bornés uniquement à quatre points essentiels :

» 1.° A mettre les communes en demeure de tirer parti de leurs biens en les subordonnant à l'autorité préfectorale;

2.° A appeler les Conseils généraux à se prononcer, en cas de refus de la part des communes;

» 3.° A remettre au Gouvernement la décision souveraine;

» 4.° A interdire le partage entre les habitants d'une même commune. »

Suit le projet de loi.

La proposition de M. Goulhot a été examinée par une commission qui a conclu, par l'organe de M. Vezin, à ce qu'elle ne fut pas prise en considération.

Ses motifs sont que la proposition aggrave le principe de la centralisation, et restreint le principe du droit municipal.

Il y a donc inopportunité et danger à soulever quant à présent un débat sur ces graves questions.

(*Moniteur du* 25 *Janvier* 1850).

Enfin la troisème, de MM. Fayolle, Guisard et Moreau, a pour objet de faire dresser par une commission, dans chaque commune, une statistique de tous les terrains communaux susceptibles d'être assainis, défrichés et cultivés avec avantage, et de partager entre les chefs de famille ou amodier tous ceux de ces terrains qui seraient désignés en dernier ressort, par le conseil cantonnal, comme susceptibles d'être mis en culture.

Cette proposition, en ce qui concerne le partage, a été repoussée par la sixième commission d'initiative parlementaire ; la question de l'amodiation trouvera sa place dans la discussion du projet de M. Dufournel.

(Moniteur du 8 Février 1850.)

FIN DE L'APPENDICE.

www.ingramcontent.com/pod-product-compliance
Ingram Content Group UK Ltd.
Pitfield, Milton Keynes, MK11 3LW, UK
UKHW020957230726
13923UKWH00007B/496